ABRÉGÉ DE PHILOSOPHIE

DU MÊME TRADUCTEUR
À LA MÊME LIBRAIRIE

KANT E., *Dissertation de 1770*, introduction, édition, traduction et notes, 216 pages, 2007.

BIBLIOTHÈQUE DES TEXTES PHILOSOPHIQUES

Fondateur H. GOUHIER   Directeur J.-F. COURTINE

EMMANUEL KANT

ABRÉGÉ DE PHILOSOPHIE
ou
LEÇONS SUR L'ENCYCLOPÉDIE PHILOSOPHIQUE

Texte allemand révisé, présenté, traduit et annoté
par
Arnaud PELLETIER

*Ouvrage traduit avec le concours
du Centre national du livre*

PARIS
LIBRAIRIE PHILOSOPHIQUE J. VRIN
6, Place de la Sorbonne, V e

2009

I. Kant, *Vorlesungen über die philosophische Enzyklopädie*
dans *Kant's Gesammelte Schriften*, Band XXIX
© Berlin, Walter de Gruyter, 1980

© *Librairie Philosophique J. VRIN,* 2009

Imprimé en France

ISSN 0249-7972

ISBN 978-2-7116-2202-3

www.vrin.fr

LE TITRE DE LA PENSÉE

Comment introduire à la philosophie ? Et comment convaincre de la philosophie dès cette introduction ? Faut-il raconter l'histoire d'une de ses naissances, en Grèce, au moment où la démocratie remplit les places publiques de prétendants, et que triomphe le discours de la raison ? Faut-il plutôt déplier les prestiges du mot même de philosophie, et esquisser le portrait du philosophe en *philomathès*, en sage qui veut tout savoir ? Faut-il encore se risquer à en donner le programme, à la hauteur des plus hautes espérances : éviter l'erreur, dénoncer l'illusion, nuire à la bêtise ? Ou bien faut-il annoncer des vertus qui la distingueraient parmi toutes les sciences, et la dire : clarification logique de la pensée, thérapeutique de l'esprit, déchiffrement de la destination de l'homme ?

Toutes ces voies sont possibles, et d'autres encore. Elles dessinent les promesses de la philosophie par un de ses aspects : par son objet, par son enjeu, par son histoire, par ses personnages. Parce qu'il faut bien commencer, et que tout commencement ignore certains présupposés pour en élucider d'autres. Et lorsqu'ils seront énoncés, ils formeront pour le débutant une première image de la philosophie, une image qui le guidera dans la lecture de textes souvent intrigants, et

souvent exigeants, qui lui révèleront peu à peu ce qu'est la philosophie. Mais ne serait-il pas possible de dire, en quelques minutes ou en quelques pages, ce qu'est faire de la philosophie ; ne serait-il pas possible de déployer, sans détour et avec courage, l'idée même de la philosophie ? Telle fut la voie choisie par le professeur Immanuel Kant.

Pendant quarante et une années, tout au long de quatre-vingt deux semestres universitaires, Immanuel Kant (1724-1804) enseigna la philosophie à l'université Albertina de Königsberg. Ou plutôt, il enseigna la logique, la métaphysique, la philosophie morale, le droit naturel. Et la géographie physique, la mathématique, l'anthropologie physique, la pédagogie, la théologie, la mécanique, la minéralogie. Et pendant dix semestres, entre l'hiver 1767-1768 et l'hiver 1781-1782, il donna un cours intitulé : « Encyclopédie philosophique ». Son objet n'était pas d'enseigner l'une des disciplines que l'on appelait philosophiques, mais de donner, en un cours, un abrégé de la philosophie : c'est-à-dire de donner à la fois l'idée même de la philosophie, et une idée de l'ensemble de la philosophie. De cet enseignement, conçu à destination de ses jeunes étudiants, et parfois à leur initiative, il nous reste un unique témoignage : les *Leçons sur l'encyclopédie philosophique*. Ces quelques feuillets sont pour nous, aujourd'hui encore, une très belle introduction à la philosophie.

Le texte des Leçons sur l'encyclopédie philosophique

Lorsqu'il annonce son premier cours sur « l'encyclopédie de toute la philosophie » au semestre d'hiver 1767-1768[1],

---

1. Voir *infra*, en appendice, les annonces des *Leçons sur l'encyclopédie philosophique*, p. 169.

Kant est le premier, à l'université de Königsberg, non seulement à proposer un cours sur l'ensemble des disciplines philosophiques, mais à comprendre par encyclopédie autre chose qu'un tour complet des connaissances, autre chose qu'une érudition historique universelle. On pourrait croire en effet que le nom même d'encyclopédie philosophique fasse directement référence à la tradition humaniste pansophiste, celle du *Prodromus Pansophiae* de Comenius, celle encore des *Collegia pansophica* de Zedler. Mais une telle tradition n'avait pas d'ancrage à Königsberg. En effet, si l'on consulte le registre des cours professés à l'université Albertina entre 1720 et 1770, c'est-à-dire avant que Kant ne devienne professeur ordinaire de métaphysique et de logique, on trouve mention de cours sur des disciplines particulières (métaphysique, logique, morale, philosophie expérimentale, histoire naturelle, etc.), pour lesquelles des leçons introductives étaient sans aucun doute délivrées, mais ni cours d'introduction à la philosophie, ni cours sur l'ensemble des disciplines philosophiques[1]. Par contre, après Kant, les cours et les manuels sur le thème se multiplient, non seulement en philosophie, mais aussi en droit et en mathématique[2].

---

1. *Cf.* M. Oberhausen et R. Pozzo, *Vorlesungsverzeichnisse der Universität Königsberg (1720-1804)*, 1999. Tout juste peut-on citer deux manuels d'introduction à la philosophie, l'*Introductio in philosophicam* (Rostock-Leipzig, 1714) de Franz Albert Aepinius, employé entre 1724 et 1727, et l'*Einleitung in der Philosophie* (Leipiz, 1727) de Johann Georg Walch, mis au programme en 1731 (*ibid.*, p. 71).

2. August Wilhelm Wlochatius (1744-1815) annonce un cours sur l'encyclopédie philosophique d'après le manuel de Feder (*Grundriß der philosophischen Wissenschaften nebst der nöthigen Geschichte zum Gebrauche seiner Zuhörer*, Coburg, 1767) au semestre d'hiver 1782-1783, au semestre d'été 1790, et au semestre d'hiver 1793-1794 (*ibid.*, p. 479, 572 et 612); le

Kant annonça donc son premier cours : « M. Immanuel Kant a arrêté pour le semestre prochain les cours suivants : [...] de 10 à 11 heures, cours sur l'encyclopédie de toute la philosophie traitée en un seul semestre, accompagnée de son histoire succincte, d'après un livre qui ne manque vraiment pas d'élégance »[1]. Selon l'usage universitaire, un manuel était en effet prescrit à l'usage de chaque cours – raison pour laquelle Kant dut par ailleurs obtenir une dérogation afin d'enseigner la géographie physique, discipline qu'il inventa, et pour laquelle il n'existait pas de manuel. Pour le cours d'encyclopédie philosophique, il indiqua le manuel de Johann Georg Heinrich Feder, *Grundriß der philosophischen Wissenschaften nebst der nöthigen Geschichte zum Gebrauche seiner Zuhörer* (*Plan des sciences philosophiques, accompagné des éléments historiques nécessaires à l'usage de l'auditeur*), paru à Coburg en 1767, l'année même du premier cours : il est possible de penser

manuel de Johann Georg Sulzer, *Kurzer Begriff aller Wissenschaften und anderer Theile der Gelehrsamtkeit* (Leipzig, 1745) est employé dans un cours de droit en 1778, et de philologie entre 1785 et 1795 (*ibid.*, p. 413, 774); le manuel de Johann Friedrich Meinecke, *Synopsis eruditionis universae* (Quedlinburg, 1783) sert à un cours « d'encyclopédie universelle » en 1784 (*ibid.*, p. 499); celui de Johann Matthias Gesner, *Primae lineae in eruditionem universalem* (Göttingen, 1756) à une « encyclopaediam disciplinarum » entre 1770 et 1773 (*ibid.*, p. 318, 332, 339); celui de Johann Heinrich Gottlieb Heusinger, *Versuch einer Encyclopädie der Philosophie* (Weimar, 1796), pour un cours sur « l'encyclopédie philosophique » en 1802 (*ibid.*, p. 715); celui de Karl Heinrich Heydenreich, *Encyclopädische Einleitung in das Studium der Philosophie* (Leipzig, 1793) en 1798-1799 pour un cours sur « l'Encyclopaediam philosophiae » (*ibid.*, p 672); enfin l'élève de Kant, Gottlieb Benjamin Jäsche, prononce un cours d'encyclopédie des disciplines philosophiques en 1800 et 1801 (*ibid.*, p. 689 et 699).

1. Actes du ministère du budget (139b, vol. IV). Pour les références, voir *infra*, en appendice, les annonces des *Leçons sur l'encyclopédie philosophique*.

que c'est précisément la publication du livre de Feder qui lui inspira ce cours[1]. Les leçons commencèrent donc le 12 octobre 1767, finalement entre 15 et 16 heures cette année-là, dans une pièce du troisième étage de la librairie Kanter, au coin de la Löbenichtsche Langgasse et de la Münchengasse, à Königsberg.

De nombreux témoignages confirment ce que la comparaison des manuels et des notes d'étudiants indique de soi-même : le professeur Kant suivait souvent le plan des manuels, mais pouvait s'en distancier fortement quant au contenu. Dans un témoignage souvent cité, Christian Friedrich Jensch se rappelle du semestre d'hiver 1763-1764 en ces termes : « Kant entrait dans la classe avec enthousiasme, et disait : nous en étions restés ici ou là. Il s'était si profondément et si vivement imprégné des principales idées que, pendant toute l'heure, il vivait en elles et pour elles, et souvent en se rapportant très peu au manuel à partir duquel il faisait cours »[2]. Il n'est donc pas étonnant que les notes des *Leçons sur l'encyclopédie philosophique* ne soient pas fidèles au manuel de Feder[3]. Car, du cours de Kant, nous n'en avons plus que des notes d'étudiants.

1. La fin du cours, en 1781-1782, coïncide également avec une autre publication de Feder, à savoir la recension qu'il fit de la *Critique de la raison pure* de Kant (*cf.* J. Ferrari, « La recension Garve-Feder de la *Critique de la raison pure*, 1782 », dans *Années Kant, 1781-1801*, Paris, Vrin, 2002).

2. R. Malter, *Immanuel Kant in Rede und Gespräch*, Hamburg, Meiner, 1990, p. 73.

3. Les *Leçons* suivent à peu près le plan du *Grundriß* de Feder, hormis la dernière section sur la psychologie empirique, que Kant avait l'habitude d'enseigner à partir de la *Metaphysica* de Baumgarten. Au vu de la pratique didactique de Kant, et de son propre idéal de la création conceptuelle, on comprend qu'une comparaison des leçons avec la lettre du manuel de Feder est d'un intérêt très limité.

Et même, cas unique parmi toutes les leçons kantiennes, un seul jeu de notes a été jusqu'ici retrouvé. Il s'agit de notes qui ont été prises probablement entre 1778 et 1780 et, de toute façon, avant la parution de la *Critique de la raison pure* en mai 1781[1]. Quel statut faut-il alors donner au texte des *Leçons*?

Pour le lecteur un peu familier de Kant, les *Leçons* dessinent, à n'en point douter, un paysage kantien : on y trouve l'image de la colombe qui a l'illusion de croire qu'elle volerait mieux dans un espace vide d'air ; on retrouve le problème de la confusion des sources de la connaissance, ce partage de minuit de l'intelligible et du sensible ; ou encore la distinction entre le philosophe comme technicien de la raison et le philosophe comme législateur de la raison, etc.[2]. Mais ces convergences ne valent pas preuve, ni d'authentification ni de datation, d'autant que le texte s'écarte parfois sur des points fondamentaux de la *Critique*. Le problème posé par ce genre de manuscrit invite à la prudence. Il n'est pas dit, en effet, que des divergences textuelles relèvent de temps différents de la pensée chez un même auteur ; il n'est pas dit non plus que des convergences attestent le temps, ou même l'auteur d'une pensée : mentionnons, dans un autre domaine, le cas célèbre et vertigineux de *La Chasse spirituelle*, ce faux manuscrit d'Arthur Rimbaud, démasqué précisément parce qu'il dessinait un paysage *trop* rimbaldien[3]. Mais suspendons ici le vertige. Et considérons simplement ces notes comme des notes de cours. C'est-à-dire non pas comme le protocole fidèle des

---

1. Sur les questions techniques concernant l'édition et la datation des *Leçons*, *cf.* p. 24.

2. Voir *infra*, l'index des concordances avec la *Critique de la raison pure*.

3. *Cf.* A. Breton, *Flagrant délit : Rimbaud devant la conjuration de l'imposture et du trucage*, Paris, Thésée, 1949.

paroles prononcées, mais comme un texte incomplet, où des articulations, et pourquoi pas des pans entiers du cours, peuvent manquer ; comme un texte réécrit après coup ; et, en tout état de cause, comme un texte que Kant n'a pas écrit. Et par là même, comme un texte qui se dévoile dans l'oralité d'un cours : « Un exposé oral, dit Kant, même s'il n'est pas parfaitement construit, est très instructif. Il ne donne pas à entendre quelque chose de parfaitement construit et pensé jusqu'au bout, mais il donne à voir la manière naturelle dont on pense, et cela est beaucoup plus utile » [105] [1]. Bref, les *Leçons* sont un témoignage de première main, qui ne nous donne pas à *lire* Kant, mais à l'*écouter* [2]. Et à l'écouter déployer devant nous l'idée de la philosophie.

L'idée de la philosophie

Une encyclopédie, dit Kant, doit être « un abrégé de la totalité de la science » [37]. Elle n'est ni une somme de lourds volumes qui se perdent dans des précisions sans fin ; ni un simple plan, un simple *Grundriß*, une simple esquisse des matières qui n'en donne que des rudiments. Ce qui fait d'elle

---

1. Nous indiquons la pagination des *Leçons*, entre crochets, suivant la présente édition.

2. Une partie des *Leçons* est précisément consacrée à savoir ce que veut dire lire un texte, et écouter un cours [103-105]. Même s'il est évident que les leçons ne peuvent avoir le même statut que les textes publiés par Kant, elles sont des sources d'information si précieuses que l'édition de l'Académie des *écrits* de Kant lui consacre ses six derniers volumes (AA 24-29). Le recoupement de plusieurs manuscrits permet soit d'y reconnaître le contenu effectif des cours de Kant, soit, dans certains cas, de reconstituer la chaîne des copies, compilations et palimpsestes de cours qui s'échangeaient ou se monnayaient alors entre étudiants ou admirateurs du philosophe de Königsberg.

un abrégé, un *Auszug*, ce n'est pas qu'elle donne un résumé des différentes branches philosophiques, c'est qu'elle donne le principe à partir duquel on peut toutes les déployer. Un tel abrégé est donc aussi bien une *encyclopédie*, non parce qu'il expose le détail infini des parties de la philosophie, mais parce qu'il *fait le tour* de son idée. Ainsi, derrière les différentes sections du manuel que Kant suit extérieurement, les *Leçons* suivent en réalité un autre plan. Dans une première partie [33-99], elles explicitent l'idée de la philosophie, et certains des moyens pour la mettre en œuvre : c'est ainsi qu'il y a une sorte de petit traité à l'intérieur des leçons, lequel porte sur les jugements, les raisonnements, la vérité, les préjugés. La deuxième partie constitue un court chapitre intitulé : « Apprendre et penser » [99-107]. Il n'est plus consacré à l'idée d'ensemble, mais à des conseils didactiques sur la pratique de la philosophie à destination de tout débutant. Et comme la philosophie ne peut s'apprendre que dans les livres ou dans les cours, Kant prend le temps d'expliquer ce que tout le monde croit savoir, mais qui en réalité fera la différence entre ceux qui entreront en philosophie, et ceux qui resteront sur le seuil : que veut dire lire un livre ou écouter un cours. Ou plutôt : comment lire un livre, et comment écouter un cours. La troisième partie [107-145] peut alors détailler certaines notions fondamentales de la philosophie : sur l'objet de la logique et de la métaphysique, sur les concepts fondamentaux de la raison, sur Dieu et le monde, sur la liberté et le bonheur, sur l'infini et la conscience. Bien sûr, il aurait été possible de commencer par étudier n'importe lequel de ces problèmes – comme le ferait celui qui prendrait un livre au hasard de ses intérêts – mais on n'aurait alors qu'une vue partielle de la philosophie, un aperçu impressionniste, une rhapsodie contingente, un agrégat. Or, il s'agit d'en donner l'idée, avant tout.

L'objet de la philosophie s'énonce simplement : la philosophie traite de l'usage correct de l'entendement et de la raison [41]. La formule semble n'être qu'un cliché bien usé, une de ces platitudes avec lesquelles on ne va pas loin, et qui n'ont plus qu'une valeur incantatoire vide. Et c'est ainsi qu'on lit parfois cet appel à penser par soi-même [39], à reconnaître ce qui est juste [57], ou encore simplement à penser – puisque juger, c'est penser [125]. Mais toute la question est évidemment de savoir ce que cela veut dire. La rectitude de la pensée n'est-elle pas toute entière l'affaire de la logique générale? En fait, il s'agit de comprendre quel est cet usage *correct* de la raison, une fois que l'entendement pense dans les formes correctes du jugement. Il s'agit de comprendre que les connaissances conceptuelles de la raison n'ont d'usage correct qu'à l'intérieur de certaines limites au-delà desquelles on ne peut plus parler de connaissances mais de pensées en l'air; qu'elles ne sont pas leur propre fin, mais qu'elles n'ont de valeur que rapportées à la destination de la raison elle-même. Celui qui s'efforce de déterminer ce qui peut être dit légitimement d'un objet, qui détermine les limites de l'entendement humain par exemple [85], et qui s'efforce en même temps de déterminer les fins suprêmes de la raison – de cette raison que tout le monde utilise – celui-là philosophe [43]. Philosopher n'est donc pas raisonner à tort et à travers, même lorsque c'est rationnellement juste. C'est chercher à déterminer, dans le domaine théorique comme dans le domaine pratique, les lois de la raison. Et voilà qu'à partir d'une simple formule – la philosophie traite de l'usage correct de l'entendement et de la raison – la philosophie a gagné son idée : c'est la législation de la raison.

Dans les premières pages des *Leçons*, Kant donne des éléments d'une introduction classique à la philosophie : il en précise bien son objet, son programme, ses vertus, et cite

même certains de ses événements et de ses personnages, en premier lieu Socrate, évidemment. Et aussi Diogène et Épicure, plutôt que Platon et Aristote. C'est qu'il donne, de manière récurrente, un modèle et un contre-modèle du philosophe. Le modèle, c'est celui qui s'efforce d'accomplir l'idée de la philosophie : c'est le législateur de la raison. Et Kant de préciser : un tel philosophe n'est jamais parfait, l'idée n'est jamais accomplie, le modèle n'est jamais atteint. Bref : « Le philosophe n'est qu'une idée » [41]. Toute comme il y a une idée de la philosophie, la philosophie n'est qu'une idée. À l'opposé de cette idée, Kant indique un certain nombre de contre-modèles : celui qui accumule des connaissances historiques, ne philosophe pas ; celui qui ne s'efforce pas de légiférer par soi-même mais imite ce que les autres ont pensé, ne philosophe pas ; celui qui raisonne, même correctement, et se perd dans les subtilités de la raison théorique, celui-là même ne philosophe pas. Kant le nomme un technicien de la raison : il peut avoir une grande habileté conceptuelle, il peut construire des doctrines et les développer de livres en livres, mais il ne se demande jamais si cela correspond à ce pour quoi la raison est faite, à sa destination propre.

L'idée de la philosophie, et le programme qu'elle porte en elle, peut maintenant servir de principe pour ordonner la totalité des branches philosophiques en un système. Celui qui ne se spécialiserait que sur une question philosophique, dans un domaine délimité, ne sera qu'un archiviste isolé sans architectonique de l'ensemble. C'est que, ajoute Kant, « il est plus facile d'approfondir les parties d'une science que d'en déterminer l'idée, l'étendue complète, la source et la nature : telle est l'architectonique » [117]. D'après son idée même, la philosophie est, au départ, divisée en philosophie théorique (qui traite des connaissances spéculatives) et pratique (qui traite de

l'usage de la liberté). Et à l'intérieur de chaque domaine, puisqu'il s'agit de régler les usages corrects, il faudra faire attention aux sources des connaissances, et distinguer ce qui relève uniquement de la raison, indépendamment de toute expérience ou influence des sens, de ce qui a sa source dans la sensibilité. On distinguera ainsi, dans chaque domaine, la philosophie transcendantale des autres disciplines qui sont pour partie empiriques et pour partie rationnelles : physique et psychologie ; métaphysique des mœurs et anthropologie [51-53]. Par où l'on voit que l'idée de la philosophie comme législation de la raison n'est pas une de ses déclarations lyriques qui n'affirment qu'elles-mêmes, qui échauffent les esprits mais qui n'animent pas la vie de la réflexion : l'idée traverse ici immédiatement le tout de la philosophie parce qu'elle le détermine. Elle est en cela immédiatement utile. Ainsi, Kant envoie un jour ses notes de cours sur l'encyclopédie philosophique à son ami Marcus Herz, à Berlin. Elles sont lacunaires, indigentes, elles ne sont pas rédigées ni mises en forme : bref, ce ne sont que quelques mots jetés sur le papier. Mais il sait qu'elles sont de la plus grande utilité : « Je vous l'envoie pourtant parce que l'on pourra peut-être y trouver ou en deviner quelque chose qui pourrait faciliter une conception systématique des connaissances pures de l'entendement, pour autant qu'elles découlent réellement d'un principe en nous »[1].

Enfin, l'idée de la philosophie, et le portrait du philosophe en idéal qu'elle dessine, a également des implications pédagogiques. Elle désigne au débutant ce qu'elle n'est pas : apprendre des doctrines, et même construire des doctrines.

---

1. Lettre à Marcus Herz du 15 décembre 1778, AA 10, 245 ; *Correspondance*, p. 170.

Elle n'est pas à chercher dans les livres, à savoir dans la connaissance des livres, mais elle s'invente dans l'analyse des concepts, dans l'examen de la légitimité des connaissances qu'ils permettent, dans leur mesure aux fins législatrices de la raison. Philosopher n'est pas avoir des réponses ou des thèses toutes prêtes à enserrer le réel, c'est s'assurer d'abord de la méthode par laquelle on les soutient, et qui seule les justifie. Le commencement est alors autant prosaïque que décisif : savoir lire, et savoir écouter. Lire en cherchant l'idée du texte – une idée que l'auteur n'a peut-être pas lui-même comprise. Comme si l'idée était le véritable auteur du texte et qu'elle passât en contrebande sous la plume du scripteur. Lire, c'est-à-dire lire à côté, et relire, plus tard. « C'est lire peu, mais bien » : *lento, lento*, être professeur de lecture lente, dira Nietzsche[1]. Et écouter. Écouter en cherchant à retenir le mouvement de la pensée, comme on cherche le style d'un livre ; écouter en pensant une parole qui résonne encore en silence – car c'est cela, apprendre à penser : « penser par soi-même est bien, mais non apprendre par soi-même » [105]. Alors, arrivés à ce point du cours, il était temps pour les élèves de Kant de l'écouter développer les différents titres de son abrégé de philosophie. Il est temps pour nous, maintenant, de le lire.

Le titre de la pensée

La suite des *Leçons* est consacrée au deuxième versant de tout abrégé : donner un aperçu suffisamment détaillé de l'ensemble de la philosophie. En réalité, les notes qui nous sont parvenues ne conservent trace que de la seule philosophie

1. Nietzsche, *Aurore*, Paris, Gallimard, 1989, préface, p. 18.

théorique. Elles abordent les notions fondamentales à l'initiation d'un lycéen : la vérité, la conscience, la liberté, le bonheur. Et la métaphysique. L'examen de cette dernière présente une singularité, une absence, pour le lecteur un peu familier de Kant, et qui nous retiendra ici. En effet, le mot de catégorie, un de ceux qui est invariablement associé à la philosophie kantienne, n'y figure pas. Kant parle bien de jugement catégorique, mais de catégorie point. Et lorsque le mot est le plus attendu, dans la section métaphysique, au moment où le lecteur identifie légitimement une table des catégories tirée de la table des fonctions logiques du jugement [123], Kant parle de « titre » (*Titel*). De titre de l'entendement (*Titel des Verstandes*) ou de titre de la pensée (*Titel des Denkens*). Cette variation terminologique n'est pas une anecdote, un usage passager, un simple remplacement du mot de catégorie, que Kant employait avant, et vers lequel il va retourner [1]. L'*Abrégé de philosophie* n'est pas la *Critique de la raison pure* : les titres de la pensée ne sont pas encore des catégories [2].

---

1. Manfred Kuehn a évoqué ce point, et la concordance terminologique avec des réflexions de 1773-1775, pour avancer la datation des *Leçons* à 1775 (*cf.* M. Kuehn, « Dating Kant's *Vorlesungen über Philosophische Enzyklopädie* », *Kant-Studien*, 74, 1983, p. 312.). Nous citons les réflexions en question dans la suite.

2. La dénomination des catégories comme « titres » ne renvoie à aucun usage établi dans la tradition philosophique, si ce n'est à l'interprétation classificatoire majoritairement reçue dans la scolastique allemande au XVIIe siècle (à savoir les catégories comme classes ou séries des choses, déterminées par les différentes espèces prises sous un même genre suprême : *series rerum sub uno generalissimo genere*). On peut indiquer que Ph. Melanchton parlait des prédicaments comme de chapitres généraux (*capita generalia*), et des prédicables comme des *titres* pour discerner des degrés dans les prédicaments (*Erotemata dialectices*, livre 1, « De praedicamentis »); et que Leibniz parlait des caté-

Dans les *Leçons*, Kant énumère les « titres de la pensée » en les tirant des fonctions logiques respectives de l'entendement : réalité et négation ; totalité, pluralité, unité ; substance et accident, principe et conséquence, tout et partie ; possibilité, réalité, nécessité. Tous ces termes ne désignent pas des objets mais des pensées, ou plutôt des manières de penser des objets. Nous ne pouvons rien penser sans ces « manières de penser », sans ces titres de la pensée, et c'est la raison pour laquelle Kant dit à la fois qu'elles déterminent les objets et que nous n'avons aucune intuition sans elles. Elles sont toujours présupposées dans toute expérience, elles en permettent l'exposition même : sans elles, on ne saurait se représenter ce qu'est une chose qui subsiste, qui a des effets, qui est nécessaire, etc. Et si ces titres sont toujours présents à toute pensée, la tâche propre de la métaphysique est de les expliciter, c'est-à-dire en particulier d'expliciter les formules selon lesquelles elles s'appliquent aux choses : « un sujet qui n'est pas un prédicat, est une substance », « ce qui ne peut être autrement sans contradiction, est nécessaire », etc. Les titres de la pensée ont donc bien une fonction de catégorisation au sens où ils règlent l'usage de la prédication des choses. Leur dénomination de « titres » se justifie ainsi de deux manières. En un sens juridique, ces titres délivrent des règles de la prédication légitime, comme des titres de séjour : dans quel cas a-t-on le droit de penser x comme une substance ; et donc dans quel cas peut-on ramener x sous le titre de la substance ? Mais aussi, en un sens plus descriptif, ces titres désignent le territoire de ce qui est

gories aristotéliciennes comme des « titres généraux des êtres » (*Nouveaux essais sur l'entendement humain*, III, 10, § 14, écrit en 1704 et paru pour la première fois en 1765).

pensable par la seule raison, comme le titre d'un livre est une manière de désigner le territoire d'un livre. Attestation d'une légitimité, désignation d'un territoire : les titres de la pensée sont des titres de propriété de la pensée.

Les titres de la pensée ont donc bien une fonction originaire de classification, de catégorisation. Elles répondent bien au plus ancien projet d'exposition des catégories de la philosophie transcendantale[1]. Mais elles ne sont pas encore des catégories au sens de la *Critique de la raison pure*. Et pour une raison simple : ces notes ne disent ni comment les titres de la pensée sont « tirés » des fonctions logiques de l'entendement, ni comment ils « s'appliquent » aux objets de l'expérience. Pour toute explication, nous lisons : « Lorsque les fonctions logiques sont appliquées aux choses, il en résulte les titres de la pensée », ou encore que, de même que « les fonctions se rapportent aux concepts, les titres se rapportent aux choses » [125]. Il n'est ici pas question de la déduction transcendantale de la validité objective des concepts purs de l'entendement. Cette différence sera au contraire marquée dans le vocabulaire de la *Critique*, où le mot de « titre », explicitement rapporté à la topique aristotélicienne dont se servent les rhéteurs, désigne un principe de comparaison et de classification (A 269/B 325), comme par exemple la classification des fonctions logiques de l'entendement sous quatre titres :

1. *Cf.* la lettre à Marcus Herz du 21 février 1772, AA 10, 132; *Correspondance*, p. 96 : « Je cherchais à ramener la *philosophie transcendantale*, c'est-à-dire tous les concepts de la raison pure en totalité, à un certain nombre de *catégories*, non toutefois comme Aristote qui, dans ses dix *prédicaments*, les juxtaposa tout à fait au hasard, comme il les trouva, mais au contraire de la façon dont ils se répartissent eux-mêmes en classes, au moyen d'un petit nombre de lois de l'entendement ».

quantité, qualité, relation, modalité (A 70 / B 95). La fonction d'un titre, dans les *Leçons*, est bien de « ramener sous » lui une diversité, mais il ne contient pas encore « l'unité synthétique pure du divers en général » (A 138 / B 177); il est bien présupposé dans toute expérience, mais il n'est pas encore « la condition de possibilité de tout objet en général » (A 139 / B 178). Par où l'on voit que le concept de « titre de la pensée » constitue précisément un moment décisif, et rarement souligné, dans la genèse de la doctrine des catégories.

L'exemple pris montre combien l'abrégé de philosophie n'est pas le condensé d'une science déjà faite, mais le principe de son déploiement. Ainsi l'idée de la philosophie implique la tâche préalable d'une philosophie transcendantale, d'une recherche des concepts purs de l'entendement. Et Kant les conçoit d'abord comme des « titres de la pensée », comme des points de vue sur les choses, comme des manières de considérer les phénomènes comme substance, accident, etc.[1]. Et ces manières de penser, ces titres, sont d'abord découverts dans les manières de dire les choses, comme au travers d'une analytique des propositions sur les choses. Ainsi Kant note dans une réflexion de 1775 :

> Toute perception doit être mise sous un titre de l'entendement, parce que sinon elle ne donne aucun concept, et que rien n'y est

---

1. Cf. *Refl.* 4672 (1773-1775), AA 17, 635-636 : « Il faut d'abord qu'il y ait certains titres de la pensée sous lesquels les phénomènes eux-mêmes soient ramenés : par exemple, s'ils doivent être pris comme grandeur, comme sujet, comme principe, comme tout, ou simplement comme réalité (la figure n'est pas une réalité). C'est pour cela que, dans le phénomène, je ne peux prendre ce que je veux comme sujet, ni le prendre comme je le veux, par exemple comme sujet ou comme prédicat, mais il est déterminé comme sujet *ou* comme principe ». *Cf.* aussi *Refl.* 4678 (vers 1775), AA 17, 661.

pensé. [...] Nous disons : la pierre pèse, le bois tombe (le corps se meut), c'est-à-dire quelque chose agit, et par conséquent c'est une substance. Le champ est retourné, le pré est sec, le verre est brisé : ce sont des effets qui renvoient à une cause. Le mur est solide, la cire est molle, l'or est dense : ce sont des liaisons à l'intérieur d'un composé. Sans ces concepts, les phénomènes seraient tous séparés, et ne se rapporteraient pas les uns aux autres. [...] L'expérience n'est donc possible que parce qu'il est supposé que tous les phénomènes sont pris sous les titres de l'entendement, à savoir que dans toute intuition simple, il y a une grandeur ; dans tout phénomène, il y a sub-stance et accident. Dans tout changement, il y a cause et effet ; dans la totalité des phénomènes, il y a action réciproque. Ces propositions (*Säzte*) valent ainsi pour tous les objets de l'expé-rience. Ces mêmes propositions valent également pour l'esprit relativement à la production de ses propres représentations, et sont des moments de leur genèse [1].

L'abrégé de philosophie contient ainsi en lui le principe de nouvelles ouvertures doctrinales. Précisément parce que la doctrine n'est pas au cœur de l'idée de la philosophie : au cœur de celle-ci, il y a la création, le refus de l'imitation, le génie même qui cherche à se donner ses propres lois – ce génie qui est étranger au technicien de la raison, mais qui fait du législateur de la raison un vrai artiste de celle-ci [2].

Comment introduire à la philosophie ? Kant répond : il faut d'abord en avoir une idée. Et comme la raison est l'affaire de la philosophie, celle-ci doit tendre à être une législation de la raison. Elle échappe ainsi au reproche de l'arbitraire, à

---

1. *Refl.* 4679 (vers 1775), AA 17, 664.
2. Sur la traduction de *Vernunftkünstler* par technicien de la raison et non par artiste de la raison, voir *infra*, note 12, p. 151.

l'objection de ces métaphysiciens dont parle Borges, qui « savent qu'un système n'est pas autre chose que la subordination de tous les aspects de l'univers à l'un quelconque d'entre eux »[1]. L'*Abrégé de philosophie* esquisse alors en quelques pages non pas tant un programme qu'une haute exigence : comprendre l'encyclopédie comme système, le système comme idée, et l'idée comme génie. Telle fut l'exigence que Kant présentait à ses élèves, pour la plupart des garçons de quinze, ou seize ans. Il ne faudrait pas croire que cette exigence fut conçue comme vertigineuse. Au contraire. Kant donne au débutant des éléments de discernement et de méthode pour prendre le chemin de la philosophie, et pour éviter, dès le départ, des malentendus. Avec cet abrégé, vous aurez une petite idée de la philosophie. Mais vous ne serez pas philosophe : car le philosophe n'est qu'une idée.

NOTE SUR L'ÉDITION ET LA DATATION DES *LEÇONS*

Le texte des *Leçons sur l'encyclopédie philosophique* publié dans l'édition de l'Académie des œuvres de Kant (AA 29, 05-45) est celui d'un manuscrit conservé à la bibliothèque nationale de Berlin et qui porte le titre original d'*Encyclopédie philosophique ou contenu sommaire de toutes les sciences philosophiques d'après les leçons de M. le professeur Immanuel Kant*[2]. Il est référencé dans la classi-

---

1. J.L. Borges, « Tlön Uqbar Orbis Tertius », *Fictions*, Paris, Gallimard, 1999, p. 20.

2. Manuscrit Ms. germ. quart. 0400, aujourd'hui à la StaatsBibliothek de Berlin (SBPK Haus II) : « Philosophische-Encyclopedie oder ein kurtzer

fication des Archives Kant de Marburg (Allemagne) comme *Enzyklopädie Anonymus-Friedländer 4.1.* Cette désignation indique que le scripteur du manuscrit n'est pas identifié, et que David Joachim Friedländer (1750-1834) en est le plus lointain possesseur connu. Cela n'indique pas que ces notes, indépendamment des problèmes de fidélité et d'exhaustivité inhérents à toute prise de notes, proviennent des leçons prononcées au cours d'un même semestre. Il est des cas bien connus où des étudiants vendaient des copies manuscrites des cours de Kant qui étaient en réalité des compilations de plusieurs cours prononcés sur plusieurs semestres[1]. Rien ne permet de l'exclure là non plus, même si l'on peut penser que cela est peu vraisemblable.

La situation de ce manuscrit est très singulière. Non seulement l'exemplaire du manuel personnel de Kant à partir duquel il faisait cours n'a pas été retrouvé[2], non seulement nous ne disposons d'aucun autre ensemble de réflexions ou feuillets sur l'encyclopédie philosophique, mais de toutes les leçons prononcées sur ce thème, et malgré leurs dizaines d'auditeurs[3], seules trois copies des leçons ont été identifiées,

---

Inbegrif aller philosophischen Wißenschaften aus den Vorlesungen des Herrn Profeßoris Immanuel Kant ». La première édition du manuscrit, due à Gerhard Lehmann, a paru hors de l'édition de l'Académie : *Vorlesungen. I. Abteilung. Vorlesungen über Enzyklopädie und Logik 1. Vorlesungen über philosophische Enzyklopädie*, Deutsche Akademie der Wissenschaften, Berlin, 1961.

1. C'est le cas en particulier des volumineuses leçons sur la philosophie morale.

2. Le Kant-Archiv de Marburg indique, sur son site internet, que seuls 7 des 21 manuels utilisés pendant ses cours ont été retrouvés.

3. Pour les seuls trois semestres de cours sur l'encyclopédie entre 1775 et 1780, on compte déjà 82 étudiants inscrits (voir l'appendice sur les annonces des leçons).

et *une seule* est encore conservée : précisément le manuscrit cité [1]. Deux autres copies possibles d'un cours sont aujourd'hui introuvables. Il s'agit d'une part des notes qu'un élève de Kant, Theodor Gottlieb von Hippel (1741-1796), aurait largement plagiées pour écrire sa propre somme de réflexions : la polémique éclata du vivant même du professeur, mais aucune trace de ce manuscrit – désigné par provision comme *Enzyklopädie-Anonymus-Hippel 1* – n'a jamais été accessible [2]. D'autre part, la liasse retrouvée en mars 1898 dans une maison de Pillau en Allemagne (*Enzyklopädie-Anonymus-Pillau 2*) a depuis lors disparu [3]. Autant dire que le manuscrit encore conservé et désigné comme *Anonymus-Friedländer 4.1* est, de fait, un document unique : il est le seul document relatif aux dix semestres sur l'encyclopédie philosophique qui nous soit aujourd'hui parvenu.

Les *Leçons sur l'encyclopédie philosophique* ont jusqu'à présent peu retenu l'attention des études kantiennes, et lorsque c'est le cas, c'est presque exclusivement pour s'interroger sur leur datation, et plus précisément – car la datation du manuscrit en tant que telle importe peu – sur la datation du cours dont elles sont tirées. Si nous parcourons ces études, nous voyons que six semestres (entre 1770-1771 et 1781-1782) ont été

1. Une des raisons de cette rareté est que les cours ont tous eu lieu avant la parution de la *Critique de la raison pure*, c'est-à-dire avant que Kant n'atteigne une certaine célébrité publique, laquelle se manifestera notamment par un public croissant d'auditeurs, et la multiplication des copies de ses cours que l'on vendait pour quelques florins dans Königsberg.

2. Cette histoire peut nous laisser entendre que Kant aurait certainement réagi si les notes des *Leçons* avaient été infidèles.

3. *Cf.* H. Vaihinger, « Der Pillauer Kantfund », *Kant-Studien*, 3, 1899, p. 253-255.

proposés sur les dix semestres possibles pendant lesquels Kant a donné des cours sur le sujet[1]. Il est en effet incontestable que les notes sont postérieures à la *Dissertation de 1770*, puisqu'elles thématisent explicitement la question des limites de l'entendement, « chose jusqu'à présent très négligée » [85]. Or il est bien connu que la *Dissertation de 1770* s'en tient à thématiser uniquement les limites de la sensibilité, laquelle ne doit pas aller contaminer le monde intelligible, sans qu'il ne soit question en retour de borner la validité de l'entendement dans le monde sensible[2]. Ce premier recadrage étant établi, nous laissons au lecteur le soin d'apprécier le détail des différents arguments de datation chez les différents commentateurs, et nous nous contentons ici d'indiquer les deux arguments qui semblent les plus convaincants. Le premier a été avancé par Giorgio Tonelli : les *Leçons* doivent avoir eu lieu avant la *Critique de la raison pure* (mai 1781) puisque la table du jugement relativement à la qualité – et par conséquent la « table des catégories » que l'on en déduit – reste incomplète par rapport à celle présentée en 1781[3]. Le deuxième argument a été avancé

1. Lehmann propose 1781-1782 (Kant, *Vorlesungen* 1961, p. 72); Tonelli ne retient que les deux possibilités 1777-1778 et 1779-1780 (Tonelli, 1962, p. 513); Hinske retient les cinq semestres de la décennie 1770 (Hinske, recension, 1964, p. 487); Lehmann, dans son édition de 1980, revient à la date de 1775 (AA 29, 664); Kuehn tranche lui aussi en faveur de 1775 (Kuehn, 1983, p. 310); Stark suggère une datation non antérieure à 1777-1778 (Stark, 1985, p. 631, n. 5); enfin Narago avance les trois possibilités 1777-1778, 1779-1780 et 1781-1782 (Narago, 2006).

2. Sur cette asymétrie fondamentale de la *Dissertation*, nous nous permettons de renvoyer à notre présentation, « Apercevoir la métaphysique », dans Kant, *Dissertation de 1770*, Paris, Vrin, 2007, p. 7-55.

3. *Cf.* Tonelli, 1962, p. 513 et, *infra*, note 78, p. 164. En tant que telle, l'incomplétude des notes n'est pas un argument, car elle pourrait être attribuée à

par Werner Stark : une partie du développement sur les préjugés fait allusion à la question de l'Académie mise au concours de la classe de philosophie en 1777 pour l'année 1780 – à savoir la question « Est-il utile au peuple d'être trompé ? » [1]. Les deux semestres d'hiver 1777-1778 et 1779-1780 restent donc les deux candidats pour une datation probable des *Leçons* [2].

C'est précisément à peu près à cette date-là que Kant envoie à son ami Marcus Herz, qui cherche à entretenir l'audience kantienne à Berlin, quelques notes non relues ni réécrites du cours d'encyclopédie philosophique, dont il déplore la forme indigente et lacunaire [3]. Il n'a pas eu le temps de les mettre au net, sans doute trop occupé par sa lourde charge d'enseignement, qu'il décrivait ainsi dès 1759 : « Je suis chaque jour devant l'enclume de mon pupitre et je manie du même rythme le lourd marteau des mêmes cours » [4]. En tout cas, le texte des *Leçons* est peut-être incomplet, mais il est

l'inattention de l'auditeur (et scripteur) : mais en l'espèce, c'est la récurrence des mêmes omissions qui laisse à penser que ces éléments étaient véritablement absents du cours. Par ailleurs, nous renvoyons à notre présentation sur l'absence d'une doctrine aboutie des catégories dans les *Leçons*.

1. Sur ce point, voir *infra*, note 53, p. 160.

2. Que cette dernière question n'ait reçu sa formulation officielle qu'en 1779, n'implique pas que les *Leçons* datent du semestre d'hiver 1779-1780, car Kant aurait bien pu entendre parler de cette « question extraordinaire », comme l'appellent les *Mémoires de l'Académie des Sciences*, dès la fin 1777. En tout état de cause, les *Leçons* ne sont, avec certitude, pas antérieures à 1774, puisqu'elles mentionnent un ouvrage paru cette année-là (voir *infra*, note 76, p. 164).

3. Lettres à Marcus Herz du 15 décembre 1778 et de janvier 1779, AA 10, 245 et 247 ; *Correspondance*, p. 170 et 172.

4. Lettre à Johann Gotthelf Lindner du 28 octobre 1759, AA 10, 18 ; *Correspondance*, p. 23.

presque entièrement rédigé, et n'a que rarement l'aspect obscur de prises de notes fébriles. Bien sûr, le texte garde trace de l'oralité du cours mais, s'il perd parfois en élégance, il gagne souvent en expressivité, et force l'attention du lecteur d'aujourd'hui : emploi d'un style direct, questions posées en première personne, annonce de thèses qui sont réfutées par la suite, redites et récapitulations, exemples et citations.

Le texte allemand publié dans l'édition de l'Académie est une transcription assez fidèle du manuscrit de Berlin, autant qu'on peut en juger à l'appareil critique, qui n'indique que des corrections orthographiques et de ponctuation (AA 29, 721-723). Il reproduit ainsi les variations orthographiques d'un même mot, des fautes d'orthographe et des fautes grammaticales d'accord et de déclinaison, très nombreuses. En suivant le principe que la correction de ces fautes n'affecterait pas le sens du texte, nous avons systématiquement modernisé et uniformisé l'orthographe, corrigé les accords et la ponctuation, et suppléé à quelques prépositions et articles manquants, ainsi qu'à trois *lapsi calami* (voir les notes de traduction 1, 3 et 9). Ni l'ordre syntaxique (qui trahit le mieux une pensée qui se formule au présent, en éludant souvent les liens de subordination, et les règles qu'ils eussent dirigées), ni l'emploi des termes latins ou transposés du latin n'ont été modifiés.

Lorsque cela était nécessaire, nous avons suppléé entre crochets [ ] au texte original.

La pagination originale en AA 29 est indiquée en marge.

Immanuel Kant

VORLESUNGEN ÜBER PHILOSOPHISCHE ENZYKLOPÄDIE

LEÇONS SUR L'ENCYCLOPÉDIE PHILOSOPHIQUE

VORLESUNGEN ÜBER PHILOSOPHISCHE ENZYKLOPÄDIE

05 | Ein System ist, wenn die Idee des Ganzen vor den Teilen vorhergeht. Wenn die Teile dem Ganzen vorhergehen, so entspringt daraus ein Aggregat. Ein System von Kenntnissen macht eine Wissenschaft aus. Bei jeder Wissenschaft muss die Idee des Ganzen vorausgehen. Aus der Einteilung des Ganzen entstehen die Teile. Und um zu wissen was für Teile zum Ganzen gehören, muss man zuerst das Ganze kennen. Wenn ich keine[a] Idee vom Ganzen a priori habe, so ist das Ganze zufällig.

Alle Wissenschaften sind der Form, aber nicht dem System nach, entweder historische oder Vernunftwissenschaften. Die historischen Kenntnisse werden a posteriori entlehnt, indem sie nur durch das entstehen, was schon gegeben ist. Alle historischen Wissenschaften machen die Gelehrtheit aus. Zur Historie gehört alles, was gegeben wird. Wann die Gelehrtheit sehr ausgebreitet ist, so heißt sie Polyhistorie. Dieser ist die Pansophie entgegengesetzt, welche alle Vernunftwissenschaften in ihrem ganzen Umfang innehat,

a. AA : eine.

LEÇONS SUR L'ENCYCLOPÉDIE
PHILOSOPHIQUE

| Il y a système quand l'idée d'un tout précède les parties. 05
Si les parties précèdent le tout, il en résulte un agrégat. Un
système de connaissances constitue une science. Dans toute
science, l'idée du tout doit être première, et c'est de la division
du tout que proviennent les parties de la science : pour savoir
quelles parties appartiennent au tout, il faut d'abord connaître
ce tout. Si je n'ai pas *a priori* une idée du tout, alors le tout est
contingent[1].

Du point de vue de la forme, et non du point de vue du
système, toutes les sciences sont soit des sciences historiques
soit des sciences de la raison. Les connaissances historiques
sont obtenues *a posteriori* en tant qu'elles ne résultent que de
ce qui est déjà donné. L'ensemble des sciences historiques
constitue l'instruction. Relève de l'histoire tout ce qui est
donné. Quand l'instruction est très étendue, on l'appelle érudition. Cette dernière se distingue du savoir universel, lequel
rassemble en lui toutes les sciences de la raison dans toute leur

doch nicht die historischen, sonst ist sie wieder eine Polyhistorie. Ein Pansophus ist unmöglich, wohl aber ein Polyhistor.
Denn der Pansophus muss solche Wissenschaften innehaben,
die er aus sich selbst hat und nicht die, [die] gegeben sind.

Die Wissenschaften sind 1) Wissenschaften der
Gelehrtheit, 2) Wissenschaften der Einsicht. Zu der ersten
gehört die Historie. Die Wissenschaften der Einsicht sind
entweder philosophisch oder mathematisch. Der Mathematicus kann nur im bürgerlichen Verstand ein Gelehrter
genannt werden, denn er hat eigentlich nur viel gelernt. Die
Wissenschaft des Gelehrten besteht in Einsicht und nicht in
Nachricht.

Die historischen Wissenschaften haben ein Organon,
das ist die Philologie[b], welches Hilfsmittel der Kenntnisse
enthält. Ihre Werkzeuge sind die Kritik der Sprachen und
die Bücher. Die Philologie enthält in sich alle Hilfsmittel
der Gelehrtheit. Ein Mann, der alle Werkzeuge der Mittel
zur Gelehrtheit besitzt, heißt ein litterator, nicht litteratus.
Vornehmlich nennt man den einen litteratorem, der viele
Kenntnisse der Alten hat. Vielleicht weil mehr zur Kenntnis
der Alten gehört. Es verlohnt sich auch fast der Mühe nicht,
sich mit neuen Sachen zu belasten, welche oft nur eine sehr
06 kurze Zeit | dauern. Ein litterator ist allerdings zu ästimieren.
Wenn jemand nicht Neigung hat, in den Alten zu wühlen, so
ist's gut wenn er einen findet, der ihn damit bekannt macht.

Die Philosophie ist eine Vernunftwissenschaft aus
Begriffen, und die Mathematik eine Vernunftwissenschaft aus
der Konstruktion.

b. AA : Philosophie.

étendue, mais non les sciences historiques, car sinon il n'est de nouveau qu'érudition. Un savant universel est impossible, contrairement à un érudit, puisqu'un savant universel doit posséder des sciences qu'il acquiert par lui-même et qui ne lui sont pas données[2].

Les sciences sont 1) les sciences d'instruction et 2) les sciences du discernement. L'histoire appartient aux premières. Les sciences du discernement sont soit philosophiques soit mathématiques. Un mathématicien ne peut être dit instruit que dans l'acception commune, à savoir en tant qu'il a beaucoup appris. Mais la science de celui qui est ainsi instruit consiste dans le discernement et non dans l'empilement des savoirs.

Les sciences historiques ont un organon, la philologie, qui est le moyen d'obtenir des connaissances : ses instruments sont la critique des langues et des livres[3]. La philologie contient en elle tous les moyens du savoir. Un homme qui possède tous les moyens pour parvenir à être instruit est un demi-savant, mais non un savant[4]. On appelle particulièrement demi-savant celui qui a une grande connaissance des Anciens, sans doute parce la connaissance des Anciens implique davantage de connaissances, et qu'il ne vaut presque pas la peine de s'encombrer de nouveautés qui ne durent souvent que très peu de temps. | Il **06** faut en effet estimer ces demi-savants, car si quelqu'un n'a pas le goût de se plonger dans les Anciens, il est bon qu'il trouve quelqu'un qui puisse le renseigner.

La philosophie est une science rationnelle par concepts, la mathématique une science rationnelle par construction[5].

Alle Begriffe sind diskursiv und die Konstruktionen intuitiv, dass z. B. aus einem Punkt über der Linie nur ein Perpendikel möglich sei, beweise ich nicht aus dem Begriff des Perpendikels oder der geraden Linie etc., sondern durch Konstruktion, ich zeichne nämlich alles hin. Alle mathematischen Begriffe müssen konstruiert werden, und welche sich nicht konstruieren lassen, die gehören auch nicht zur Mathematik, sondern zur Philosophie.

Alle Vernunfterkenntnis aus Begriffen gehört zur Philosophie. Alle Vernunfterkenntnis aus Konstruktion gehört zur Mathematik. Das ist ihr wahrer Unterschied. Das Objekt macht zwischen diesen Wissenschaften keinen Unterschied, sondern nur die Form.

Die Wissenschaft welche alle Vernunft-Erkenntnisse aus Begriffen enthält, heißt Philosophie. Sie kann 1) entweder eine Enzyklopädie oder 2) ein weitläufigeres System sein. Die Enzyklopädie ist ein kurzer Auszug der ganzen Wissenschaft. Es gehört dazu, dass man sich aus ihr den Begriff vom Ganzen mache. Die Übersehung des Ganzen ist ihr erster Zweck, und das ist ein wichtiger Nutzen, den sie schafft. Zur Enzyklopädie gehören also vorzüglich diese zwei Stücke:

a) Das ganze System muss übersehen werden können.

b) Muss doch darin eine zureichende Ausführlichkeit sein.

Eine Erkenntnis kann der Form nach historisch sein, obgleich ihrer Materie nach sie philosophisch ist, wenn nämlich die Vernunfterkenntnis nicht aus eigenem Denken, sondern durch Nachahmung entspringt. Objektiv kann eine solche Erkenntnis philosophisch sein, aber in einem und dem andern Subjekt ist sie historisch erzeugt.

Tous les concepts sont discursifs et toutes les constructions sont intuitives : par exemple, qu'on ne puisse abaisser qu'une seule perpendiculaire sur une ligne à partir d'un point, ne se démontre pas par le concept de perpendiculaire ou de ligne droite, etc. mais par construction, c'est-à-dire en dessinant l'ensemble. Tous les concepts mathématiques doivent être construits, et ceux qui ne peuvent pas être construits n'appartiennent pas à la mathématique mais à la philosophie.

Toute connaissance rationnelle par concepts appartient à la philosophie. Toute connaissance rationnelle par construction appartient à la mathématique. Telle est leur vraie différence. Ce n'est pas l'objet qui distingue ces deux sciences, mais la forme.

La science qui contient toutes les connaissances rationnelles par concepts est la philosophie. Elle peut être soit 1) une encyclopédie, soit 2) un système plus complet. L'encyclopédie est un abrégé succinct de la totalité de la science[6]. Il lui appartient de donner le concept de la totalité de la science. Son but premier est de donner une idée de l'ensemble, ce qui la rend très utile. L'encyclopédie contient ainsi principalement deux parties :

a) Elle doit pouvoir donner une idée de l'ensemble du système.

b) Elle doit cependant être suffisamment détaillée.

Même si une connaissance est philosophique quant à sa matière, elle peut être historique du point de vue de sa forme, par exemple lorsqu'on ne pense pas soi-même une connaissance rationnelle, mais qu'on l'imite. Une telle connaissance philosophique peut bien être objective, mais elle est produite historiquement par tel ou tel sujet.

Nicht sowohl die Erkenntnis selbst, sondern die Methode zu philosophieren, muss unterrichtet werden; dazu gehört aber, dass der Lehrer selbst philosophiert habe.

Die Philosophie muss nicht nachgeahmt werden, denn zur Nachahmung gehört ein Bild ohne Fehler. Man kann zwar auch die Philosophie nachahmen; dies geschieht, wenn man sich ein Muster wählt, welches freilich nicht vollkommen sein kann, man sucht es durch Hilfe des Lehrers zu verstehen, man 07 versteht zuletzt den Autor | vielleicht so gut, dass man auch andere unterrichten kann, aber man sieht die Sachen selbst nicht ein, denn darum hat man sich nicht bekümmert und vielleicht verstand sie der Autor selbst nicht.

Kein^c Lehrer der Philosophie kann vollkommen sein, wenngleich er die Philosophie nur auswendig gelernt hat. Eigentlich kann keine Philosophie auswendig gelernt werden, weil erstlich ein Philosoph da sein muss, der ein Urbild geliefert hat, das ohne Fehler und folglich zur Nachahmung geschickt ist. Die Mathematik kann man wirklich lernen und dadurch ein vollkommener Mathematicus werden, weil ihre Regeln selbst methodisch sind. Historie und Geographie ist eine Sache der Nachahmung. Wenn ich eine Philosophie nachahme und das Muster nicht richtig ist, so ist meine ganze Philosophie auch nichts nutze. Jemandes Gedanken nachahmen heißt nicht philosophieren, sondern man muss selbst denken und zwar a priori. Kein Lehrer der Philosophie muss den Autor bloß explizieren, sondern zu gleicher Zeit eine Instruktion geben von der Methode wie man philosophieren soll. Die Philosophie hat zum Gegenstand alle Kenntnisse des

c. AA : Ein.

Il ne faut pas tant enseigner des connaissances que la méthode pour philosopher; et il est nécessaire pour cela que le maître ait déjà lui-même philosophé.

La philosophie ne doit pas être imitée, car l'imitation implique qu'un modèle sans défaut soit donné[7]. Il est vrai que l'on peut imiter la philosophie, et cela arrive quand on choisit un modèle – qui ne peut certainement pas être parfait – et qu'en cherchant à le comprendre avec l'aide du maître, on finit peut-être par comprendre si bien l'auteur | que l'on peut à son tour **07** l'enseigner aux autres; mais [dans ce cas] on ne discerne pas soi-même les choses, du fait qu'on ne s'en est pas soucié, et il se peut que l'auteur lui-même ne les ait pas comprises[8].

Aucun professeur de philosophie ne peut être parfait s'il n'a fait qu'apprendre la philosophie par cœur[9]. Mais en réalité aucune philosophie ne peut être apprise par cœur, puisqu'il faut pour cela qu'un philosophe ait d'abord fourni un modèle sans défaut, et qui soit par conséquent susceptible d'être imité[10]. On peut de fait apprendre la mathématique et devenir ainsi un parfait mathématicien, parce que ses règles sont sa méthode même. L'histoire et la géographie ne sont qu'une affaire d'imitation. Si j'imite une philosophie et que le modèle n'est pas bon, alors toute ma philosophie n'est également d'aucune utilité. Philosopher ne veut pas dire imiter la pensée de quelqu'un, mais penser par soi-même, et même *a priori*. Un professeur de philosophie ne doit pas simplement expliquer un auteur, mais instruire en même temps de la méthode selon laquelle on doit philosopher. La philosophie a pour objets toutes les connaissances humaines des choses, quelles

Menschen von Sachen, die sich befinden mögen, wo sie wollen. Sie ist gleichfalls das oberste Tribunal der Vernunft.

Die Philosophie handelt eigentlich von den Regeln des richtigen Gebrauchs von dem Verstand und der Vernunft. Diese Regeln sind entweder Maximen oder Normen. Die Maximen sind Regeln der Zwecke, die Normen sind Regeln, die die Mittel zur Ausübung aller möglichen Zwecke anzeigen, z. B. die Logik enthält allgemeine Regeln zum richtigen Gebrauch des Verstandes, dergleichen Wissenschaften gibt's viel. Ein Mensch, der sich der Vernunft bedient und sich mit derselben abgibt, kann betrachtet werden:

1) als ein Vernunftkünstler,

2) als ein Gesetzgeber der Vernunft, das ist [der], der nicht Normen, sondern Maximen unangesehen des Gegenstandes lehrt.

Ein Vernunftkünstler ist derjenige der bloß spekuliert. Der Mathematicus ist ein wahrer Vernunftkünstler und zwar im höchsten Grad, ein echter Tausendkünstler. Der Philosoph kann auch einen Künstler vorstellen, allein sein Werk ist nicht so dauerhaft als des Mathematikers. Wenn der Philosoph sein Gebäude recht künstlich aufgerichtet zu haben glaubt, so kommt ein anderer, der noch künstlicher ist, und wirft es um. Allein die Philosophie kann den hohen Grad, eine Gesetzgeberin der menschlichen Vernunft zu sein, erreichen. Als eine
08 solche ist sie [die] Lehre der Weisheit und hat den Rang | über alle menschlichen Erkenntnisse. Existiert sie aber auch schon nach dieser Idee? So wenig als ein wahrer Christ wirklich existiert, eben so wenig hat auch ein Philosoph in diesem Sinn ein Dasein. Sie sind beide Urbilder. Ein Urbild bleibt nicht mehr Urbild, wenn es erreicht werden kann. Es soll bloß zur Richtschnur dienen. Der Philosoph ist nur eine Idee. Vielleicht

qu'elles soient. Elle est en même temps le plus haut tribunal de la raison[11].

La philosophie traite précisément des règles de l'usage correct de l'entendement et de la raison. Ces règles sont soit des maximes soit des normes. Les maximes sont des règles des fins, et les normes sont des règles qui indiquent les moyens de poursuivre toutes les fins possibles; par exemple la logique contient les règles universelles de l'usage correct de l'entendement, dont les sciences font de nombreux usages. Un homme qui se sert et se préoccupe de la raison, peut être considéré:

1) comme un technicien de la raison,

2) comme un législateur de la raison, c'est-à-dire comme celui qui enseigne non les normes mais les maximes, indépendamment de l'objet[12].

Un technicien de la raison ne fait que spéculer. Un mathématicien est un véritable technicien de la raison, et même au plus haut degré, un vrai maître dans l'art. Un philosophe peut aussi faire figure de technicien, mais son œuvre ne dure pas aussi longtemps que celle du mathématicien. Lorsque un philosophe croit avoir techniquement bien construit son édifice, il en vient un autre, qui est encore plus technique, et qui le renverse. Seulement, la philosophie peut atteindre le degré élevé de législatrice de la raison humaine. En tant que telle, elle est la doctrine de la sagesse et est | supérieure à toutes **08** les connaissances humaines. Mais la philosophie existe-t-elle déjà selon cette idée? Pas plus qu'il n'existe réellement de chrétien parfait, pas plus un philosophe n'existe en ce sens: les deux sont des modèles. Un modèle n'est plus un modèle s'il peut être atteint. Il doit seulement servir de fil conducteur. Le philosophe n'est qu'une idée. Peut-être pourrons nous

werden wir einen Blick auf ihn werfen und ihm in einigen Stücken nachfolgen können, aber nie werden wir ihn ganz erreichen.

Der Philosoph sieht die Regeln der Weisheit ein, der Weise handelt aber danach. Von dem kann ich nur sagen, dass er philosophiere, der sich bemüht, die obersten Zwecke und die Bestimmungen seiner Vernunft festzusetzen; hat er aber diese erreicht, so ist er schon im Tempel der Weisheit.

Der Philosoph, als ein Führer der Vernunft, leitet den Menschen zu seiner Bestimmung. Seine Erkenntnisse gehen also auf die Bestimmung des Menschen. Als Künstler vermehrt er unsere Einsichten und Wissenschaft. (Die Wissenschaft ist eigentlich nicht unsere Bestimmung.) Der Philosoph ist als Führer der Vernunft ein Lehrer der Weisheit, und als Vernunftkünstler ein Lehrer der Wissenschaft. Der Gebrauch der Vernunft in Ansehung der Zwecke ist ihre edelste Anwendung. Wenn der Philosoph alle seine Spekulation, Wissenschaft etc. mit den Zwecken, mit der Bestimmung des Menschen verbindet, dann ist er ein Führer und Gesetzgeber der Vernunft. Ein solcher Philosoph in der Idee, ist ein Lehrer der Weisheit. Die Idee der Weisheit muss der Philosophie zu Grunde liegen, so wie dem Christentum die Idee der Heiligkeit. Der Philosoph ist ein Künstler, wenn er Kenntnisse von allen Sachen hat. Wolff war ein spekulativer, aber nicht ein architektonischer Philosoph und Führer der Vernunft. Er war eigentlich gar kein Philosoph, sondern ein großer Künstler für die Wissbegierde der Menschen, so wie es noch viele sind. Einige Alten haben sich dem Urbild eines wahren Philosophen genährt, Rousseau gleichfalls; allein sie haben es nicht erreicht. Vielleicht wird mancher glauben, dass wir die Lehre der Weisheit schon haben und sie nicht als eine bloße Idee ansehen dürften, indem wir so viele

l'apercevoir et le suivre sur certains points, mais nous ne pourrons jamais l'atteindre complètement.

Le philosophe discerne les règles de la sagesse, mais le sage agit selon elles. A ce sujet, je peux simplement dire que celui qui s'efforce d'établir les fins suprêmes et les destinations de sa raison, philosophe ; et s'il y parvient, il est alors déjà dans le temple de la sagesse [13].

Le philosophe, en tant que guide de la raison, conduit l'homme à sa destination. Ses connaissances concernent la destination de l'homme. En tant que technicien, il accroît notre discernement et notre science (la science n'est cependant pas notre destination). En tant que guide de la raison, le philosophe est un maître de sagesse, et en tant que technicien de la raison, il est un maître de science. L'usage de la raison relativement à ses fins est son plus noble usage. Quand le philosophe rattache toute sa spéculation, sa science, etc. aux fins et à la destination de l'homme, il est alors guide et législateur de la raison. Dans l'idée, un tel philosophe est un maître de sagesse. L'idée de sagesse doit être au fondement de la philosophie tout comme l'idée de sainteté est au fondement du christianisme. Le philosophe est un technicien lorsqu'il possède des connaissances de toutes choses. Wolff était un philosophe spéculatif, mais il n'était pas un philosophe architectonique ni un guide de la raison [14]. Il n'était en fait pas un philosophe, mais un grand technicien dans ce désir de savoir qu'ont les hommes, comme il y en a encore beaucoup. Quelques Anciens se sont approchés du modèle du vrai philosophe, Rousseau également, mais ils ne l'ont pas atteint. Plus d'un croira peut-être que nous avons déjà cette doctrine de la sagesse et que nous ne devrions pas la considérer comme une simple idée, vu que nous possédons

Bücher besitzen, voll von Vorschriften wie wir handeln sollen.
Allein die meistens sind tautologische Sätze und unerträglich
anzuhörende Forderungen; denn sie zeigen uns keine Mittel
dazu zu gelangen. Wir wollen sehen wie die Philosophie bei
den Alten beschaffen war.

09 | Eine verborgene Idee der Philosophie hat in den
Menschen lange gelegen. Sie haben sie aber teils nicht verstanden, teils als einen Beitrag zur Gelehrsamkeit angesehen.
Nehmen wir die alten griechischen Philosophen wie Epikur,
Zeno, Socrates etc., so finden wir, dass die Bestimmung des
Menschen und die Mittel dazu zu gelangen, das Hauptobjekt
ihrer Wissenschaft gewesen sind. Sie sind also der wahren
Idee des Philosophen weit getreuer geblieben, als in den
neueren Zeiten geschehen ist, wo man den Philosophen als
einen Vernunftkünstler antrifft. Socrates war der erste, der
zwischen der Philosophie als Spekulation und als Weisheit
einen Unterschied machte. Es war eben der Socrates, von dem
man sagte, dass seine Philosophie vom Himmel genommen
wäre. Er lehrte, die Spekulationen helfen nichts unsere
Bestimmung zu erfüllen, sondern wir müssen unser Verhalten
examinieren, ob wir dadurch dazu gelangen können. Er
gebrauchte nicht seine Philosophie, um unsere Bewunderung,
oder Wissbegierde etc. zu beschäftigen, sondern [um] uns die
Weisheit zu lehren. Denn nicht alles was unterhält hat einen
Wert, sondern das, was die wahre Zwecke enthält. Z. B. das
Kartenspiel ist auch unterhaltend.

Diogenes der Zyniker und Epikur waren gleichfalls Lehrer
der Zwecke. Epikur war ein Philosoph, der den Weg der
Tugend mit Blumen bestreute. Er war nicht, wie man gemei-
niglich glaubt, gegen die Wollüste nachsichtlich, er war
vielmehr ein so strenger Lehrer der Tugend, dass sie fast über
die menschliche Kräfte ging. Er lehrte, dass das wahre Glück

tant de livres remplis de recommandations sur la manière dont nous devons agir. Mais ce ne sont là, le plus souvent, que tautologies et impératifs insupportables à entendre, car ils ne nous indiquent aucun moyen pour y parvenir. Venons-en maintenant à ce qu'était la philosophie chez les Anciens.

| Les hommes ont eu pendant longtemps une idée cachée **09** de la philosophie. Mais, d'un côté, ils ne la comprenaient pas et, de l'autre, ils la considéraient comme faisant partie de l'instruction. Si nous prenons les anciens philosophes grecs comme Épicure, Zénon, Socrate, etc., nous voyons que la destination de l'homme et le moyen d'y parvenir ont été le grand objet de leur science. Ils sont ainsi restés bien plus fidèles à la vraie idée du philosophe, que dans les temps plus récents où l'on ne rencontre comme philosophes que des techniciens de la raison. Socrate fut le premier à faire une distinction entre la philosophie comme spéculation et la philosophie comme sagesse [15]. C'est d'ailleurs de Socrate dont on a dit que sa philosophie était tirée du ciel [16]. Il enseignait que la spéculation n'aidait en rien à accomplir notre destination, mais que nous devons examiner notre comportement pour savoir s'il nous permet d'y arriver. Il n'employait pas sa philosophie à contenter notre étonnement ou notre désir de savoir, mais à nous enseigner la sagesse. Car tout ce qui divertit n'a pas de valeur, au contraire de ce qui concerne les véritables fins. Jouer aux cartes, par exemple, divertit également.

Diogène le Cynique et Épicure enseignaient également les fins. Épicure était un philosophe qui recommandait le chemin de la vertu [17]. Il n'était pas, comme on le croit communément, complaisant avec les plaisirs agréables, il était bien plutôt un maître si sévère de la vertu qu'elle en dépassait presque les facultés humaines. Il enseignait que le vrai bonheur consiste

nicht im großen Apparate sondern in der Genügsamkeit bestehe. Polenta, eine Art von Gerstenbrei, war seine Speise. Der Friede der Seele und ein stets fröhliches Herz, das war für ihn Glückseeligkeit. Der Diogenes nannte seine Philosophie den kurzen Weg zur Tugend. Sie war negativ, indem er nur entbehren lehrte. Das waren Weisen. Es gab aber auch zu ihrer Zeit Künstler der Vernunft wie Plato und Aristoteles. Die Philosophie des Aristoteles war nach der Schulmethode, er inklinierte zur Subtilität der Spekulation. Plato folgte dem freien Lauf seines Genies. Nicht der Spekulation, der Analysis, sondern eine gewisse Schwärmerei sticht bei ihm vor – kurz man sieht, dass die Alten Lehrer der Weisheit waren. Sie forderten von ihren Lehrern Beispiele, sie sollten leben wie sie lehrten. Diogenes, der Lehrer der Genügsamkeit, zeigte durch sein Leben, wie es anginge genügsam zu sein. Er wählte sich zur Wohnung ein kleines von Steinen aufgerich-
10 tetes Gebäude, dessen | Gestalt wie ein Fass war, und entsagte aller Gemächlichkeit. Wir sehen doch aus dem allen, dass die Alten Beispiele von ihren Lehrern verlangten. Was uns anbelangt, wir verstehen Scherz und nehmen es dem Philosoph nicht übel, wenn er auch nicht so lebt wie er lehrt. Wir sind mit dem Namen eines Philosophen freigebiger, und legen ihn oft einem Menschen bei, der bloß gelassen ist, und die Vorfälle des Lebens mit Gleichmütigkeit erträgt. Diese Gleichgültigkeit geziemt zwar, wenn sie aus der Selbstbeherrschung, als aus ihrer wahren Quelle entspringt. Sie sieht aber sehr oft der stupiden Gleichgültigkeit und Fühllosigkeit ähnlich. Gleichmütigkeit gehört zum Charakter, die Gleichgültigkeit aber zum Temperament.

Jetziger Zeit fordert man vom Philosophen, dass er:

1) nicht abergläubisch sei. Der Aberglaube ist der Philosophie gerade entgegengesetzt. Der Philosoph ist der,

non dans de grands biens, mais dans le fait de se satisfaire de peu de choses [18]. Sa nourriture était faite de polenta, une sorte de bouillie d'orge. La paix de l'âme et un cœur toujours joyeux, tel était pour lui le bonheur. Diogène appelait sa philosophie la voie la plus courte à la vertu. Elle était négative, au sens où il enseignait seulement à se passer des choses [19]. C'étaient des sages. Mais il y avait aussi à l'époque des techniciens de la raison comme Platon et Aristote. La philosophie d'Aristote suivait la méthode de l'école, et il inclinait aux subtilités de la spéculation. Platon suivait le libre cours de son génie. Ce n'est ni la spéculation ni l'analyse qui l'aiguillonne, mais un certain enthousiasme [20] – bref, on voit que les Anciens étaient des maîtres de sagesse. Ils exigeaient que leurs maîtres soient des exemples, et qu'ils vivent selon leur enseignement. Diogène, le maître de la sobriété, montrait par sa vie comment il était possible d'être sobre. Il s'était choisi comme habitat une petite construction de pierre qui | avait la forme d'un tonneau, **10** et avait renoncé à toute commodité. Tout cela nous montre bien que les Anciens réclamaient que leurs maîtres soient des exemples. Quant à nous, cela prêterait à sourire et nous ne tenons pas rigueur à un philosophe lorsqu'il ne vit pas comme il l'enseigne. Nous sommes généreux avec le nom de philosophe, et nous l'associons souvent à un homme qui est simplement serein, et qui supporte les accidents de la vie avec une humeur égale. Cette indifférence est certes justifiée si elle a sa véritable source dans une maîtrise de soi. Mais elle ressemble très souvent à une stupide indifférence et insensibilité. L'égalité d'humeur relève du caractère, l'indifférence du tempérament.

De nos jours, on exige du philosophe :

1) Qu'il ne soit pas superstitieux. La superstition est exactement opposée à la philosophie. Le philosophe est celui

der die Regeln vom rechten Gebrauch des Verstandes und der Vernunft lehren soll, der Aberglaube ist aber ein Urteil ohne Gebrauch der Vernunft; bloß Furcht und Sehnsucht bringen ihn hervor.

2) Soll er von der Nachahmung frei sein, denn sie ist das große Gegenteil von der Philosophie. Ein Mensch der zu der Nachahmung inkliniert, taugt gar nicht zur Philosophie, in der Mathematik kann er's sehr weit bringen. Philosophie und Geschmack erfordern Genie und nicht Nachahmung. Viele also, um nicht Nachahmer zu heißen, verlassen ganz die gewöhnlichen Meinungen und affektieren große Philosophen zu sein, und werden jämmerliche Originale. Von dieser Gattung Menschen ist der Voltaire. Die Nachahmer haben doch einiges Verdienst, allein solche verzerrten Originale sind schädlich.

Wir wollen jetzt weiter fortgehen und die Philosophie zuerst als eine spekulative Wissenschaft betrachten, deren Geschäfte ist nicht, uns besser zu machen, sondern besser urteilen zu lehren. Folgende Einteilung müssen wir uns merken. Wir können sehen 1) auf die Kräfte des Menschen, 2) auf die Principia, 3) auf das Objekt der Erkenntnis.

Was die Kräfte und Vermögen des Menschen betrifft, so sind ihrer zwei, Verstand und der Wille. Die Philosophie wird also eingeteilt 1) in die theoretische, welche die Regeln des Verstandes enthält, 2) in die praktische: diese enthält die Regeln des Willens.

Betrachten wir die principia cognoscendi und Erkenntnis Quellen, so sind dieselben entweder völlig a priori, durch den reinen Verstand, oder a posteriori durch die Erfahrung 11 gegeben [und] sie sind entweder | principia rationalia oder empirica. Die Philosophie, die ihre principia aus der reinen Vernunft entlehnt, heißt pura, entlehnt sie dieselbe aber aus

qui doit enseigner les règles de l'usage correct de l'entendement et de la raison; or la superstition est un jugement qui se passe de la raison, et qui n'est produit que par la crainte et l'envie[21].

2) Qu'il s'affranchisse de toute imitation, car c'est ce qu'il y a de plus contraire à la philosophie. Un homme incliné à l'imitation n'arrivera à rien en philosophie, mais peut aller très loin en mathématique. La philosophie comme le goût exigent du génie et non de l'imitation. Et ainsi beaucoup, pour ne pas passer pour imitateurs, délaissent totalement les opinions communes et affectent d'être de grands philosophes – et deviennent des originaux pitoyables. Voltaire est de cette sorte d'hommes. Les imitateurs ont bien un certain mérite, mais de tels originaux contorsionnés sont nuisibles.

Poursuivons maintenant, et considérons d'abord la philosophie comme une science spéculative, dont l'affaire n'est pas de nous rendre meilleurs, mais de nous apprendre à mieux juger. Nous devons observer la division suivante. Nous pouvons considérer 1) les facultés de l'homme, 2) les principes et 3) l'objet de la connaissance.

En ce qui concerne les facultés et les pouvoirs de l'homme, ils sont au nombre de deux : l'entendement et la volonté. La philosophie est ainsi divisée en 1) théorique, laquelle contient les règles de l'entendement, et en 2) pratique, qui contient les règles de la volonté.

Considérons les principes de la connaissance et les sources de la connaissance : ils sont donnés soit complètement *a priori* par l'entendement pur, soit *a posteriori* par l'expérience, et il sont soit | des principes rationnels, soit des principes empi- **11** riques. La philosophie qui tient ses principes de la raison pure s'appelle philosophie pure, et si elle les tient de l'expérience,

der Erfahrung, so heißt sie applicata. Sie wird aber besser eingeteilt in rationalem und empiricam.

In Ansehung des Objekts ist folgendes zu merken. Das Objekt der Philosophie ist entweder ein Gegenstand der reinen Vernunft oder der Sinne. Die Wissenschaft, deren Gegenstand ein Objekt der reinen Vernunft ist, heißt die transzendentale Philosophie, deren Objekt ein Gegenstand der Sinne ist, heißt Physiologie. Diese ist zweifach, denn wir haben zwei Arten [von] Sinnen, äußere und innere. Die Natur des inneren Sinnes oder die Gegenstände, die wir durch den inneren Sinn gewahr werden, sind denkende Wesen. Weil ich aber nur mit mir selbst Erfahrungen anstellen kann, so ist meine Seele der Gegenstand meines inneren Sinnes. Die erste Art der Physiologie heißt die Seelen Lehre, die zweite Art ist die Physik, welche von Gegenständen der äußern Sinne handelt.

Die Wissenschaft der denkenden Natur, das ist der Seele, heißt Psychologie. Sie ist wieder 1) entweder rational oder empirisch. Die Physik oder Philosophie der äußeren Sinne wird gleichfalls in rationalem und empiricam eingeteilt. Die Psychologia rationalis betrachtet die Seele gar nicht durch Erfahrungen, sondern durch principia der reinen Vernunft z. B. ob sie ein Geist, materiell, einfach, etc. etc. sei. Betrachte ich sie empirisch, so heißt die Wissenschaft Anthropologie.

Wenn man alles rationale aus der Philosophie zusammen nimmt, alles was entweder durch die bloße reine Vernunft gegeben ist, oder, obgleich durch die Sinne gegeben, aber doch rationaliter oder durch die Vernunft betrachtet wird, so entsteht daraus die Metaphysik. Sie wird in 2 Teile geteilt:

1) in die transzendentale Philosophie,

2) in die rationale Psychologie und Physik. Dies letzte ist die eigentliche Metaphysik, denn ihr Objekt ist durch die

elle s'appelle alors philosophie appliquée. Elle sera néanmoins mieux divisée en philosophie rationnelle et empirique.

Relativement à l'objet, il faut observer ce qui suit. L'objet de la philosophie est un objet soit de la raison pure, soit des sens. La science dont l'objet est un objet de la raison pure est la philosophie transcendantale ; celle dont l'objet est un objet des sens est la physiologie. Celle-ci est de deux sortes, puisque nous avons deux sortes de sens, externe et interne. La nature du sens interne, ou plutôt les objets que nous percevons par le sens interne, sont des êtres pensants. Mais parce que je n'ai d'expérience que de moi-même, l'objet de mon sens interne est mon âme. La première sorte de physiologie est la doctrine de l'âme, la deuxième est la physique, qui traite des objets du sens externe.

La science de la nature pensante, c'est-à-dire de l'âme, s'appelle la psychologie. Elle est à son tour soit rationnelle, soit empirique. La physique, ou philosophie du sens externe, est de la même manière divisée en rationnelle et empirique. La psychologie rationnelle ne considère absolument pas l'âme au moyen d'expériences, mais de principes de la raison pure, par exemple si elle est un esprit, matérielle, simple, etc. Si je la considère empiriquement, cette science s'appelle anthropologie.

Si l'on rassemble tout ce qui est rationnel dans la philosophie, c'est-à-dire tout ce qui est donné soit par la simple raison pure, soit ce qui, bien que donné par les sens, est considéré pourtant rationnellement c'est-à-dire par la raison, alors il en résulte la métaphysique. Elle est divisée en deux parties :

1) la philosophie transcendantale,

2) la psychologie rationnelle et la physique. Cette dernière est proprement la métaphysique, car son objet est donné dans

Erfahrung gegeben, sie betrachtet es nur durch die bloße
Vernunft. (Die transzendentale Philosophie müsste von ihr
getrennt werden. Dies ist die Kritik der Vernunft.) Wir wollen
uns noch einen Augenblick dabei aufhalten. Die Gegenstände
die durch die pure reine Vernunft gegeben werden, gehören
zur Ontologie. Sind das aber auch wirkliche Gegenstände?
Nein, sondern ein bloßes Denken. Die Ontologie enthält also
12 keine Objekte, sondern nur Begriffe, Gesetze und Prinzipien |
des reinen Denkens. Die Logik enthält auch zwar Regeln des
Denkens, aber vom Denken überhaupt. Die transzendentale
Philosophie ist also die Kritik des reinen Verstandes und der
reinen Vernunft.

Die Physiologie enthält die Seelen und Körper Lehren. Die
rationale Physiologie ist die Metaphysik. Es gehört also dazu
die Psychologia rationalis und Physica generalis. Wo bleibt
die Ontologie? Die gehört zur transzendentalen Philosophie.
Und die theologia naturalis? Diese gehört zur Metaphysik
[und] die theologia transcendentalis in die transzendentale
Philosophie. Die Kosmologie als das Ganze der Dinge gehört
zur Ontologie. Die Praktische Philosophie wird auf gleiche
Art eingeteilt:

1) in Philosophiam Practicam transcendentalem, welche
nur überhaupt von dem Gebrauch der Freiheit handelt.

2) in Philosophiam practicam rationalem oder Metaphysik
der Sitten. Diese handelt vom guten Gebrauch der Freiheit. Sie
redet vom Recht, Sittlichkeit etc. überhaupt. Hier wird vom
Menschen nichts entlehnt, als der Begriff der Freiheit.

3) In die praktische Anthropologie d. i. die Ethik oder
Tugendlehre, die geht auf Gegenstände in concreto, und
handelt von dem guten Gebrauch der Freiheit in Ansehung des
Menschen.

l'expérience, et elle ne le considère que par la simple raison. (La philosophie transcendantale devrait en être séparée. Elle est la critique de la raison). Mais arrêtons-nous ici encore un instant. Les objets qui sont donnés par la pure raison pure appartiennent à l'ontologie. Mais sont-ils des objets réels? Non, mais de simples pensées. L'ontologie ne contient donc aucun objet, mais seulement des concepts, des lois et des principes | de la pensée pure. La logique contient bien également **12** des règles de la pensée, mais de la pensée en général. La philosophie transcendantale est ainsi la critique de l'entendement pur et de la raison pure [22].

La physiologie contient les doctrines de l'âme et du corps. La physiologie rationnelle est la métaphysique. En font ainsi partie la psychologie rationnelle et la physique générale. Où demeure l'ontologie? Elle appartient à la philosophie transcendantale. Et la théologie naturelle? Elle appartient à la métaphysique, et la théologie transcendantale [appartient] à la philosophie transcendantale. La cosmologie en tant que [doctrine de la] totalité des choses appartient à l'ontologie [23].

La philosophie pratique est divisée de la même manière :

1) En philosophie pratique transcendantale, qui ne traite de l'usage de la liberté qu'en général.

2) En philosophie pratique rationnelle ou métaphysique des mœurs. Celle-ci traite du bon usage de la liberté. Elle parle du droit, de la moralité, etc. en général. On ne retient ici de l'homme que le concept de liberté.

3) En anthropologie pratique, c'est-à-dire en éthique ou doctrine de la vertu, qui se rapporte aux objets *in concreto*, et traite du bon usage de la liberté relativement à l'homme [24].

Wir sehen, die Philosophie fängt von der Spekulation an, und erhebt sich dann zu ihrer wahren Bestimmung; sie wird die Führerin der Vernunft. Allein sie kann auch in lauter Spekulation ausarten. Da werden die Metaphysik der Sitten und die praktische Anthropologie zur puren Kunst. Wann willst du anfangen tugendhaft zu leben, sagte Plato zu einem alten Mann, der ihm erzählte, dass er die Vorlesungen über die Tugend anhörte. – Man muss doch nicht immer spekulieren, sondern auch einmal an die Ausübung denken. Allein heutzutage hält man den für einen Schwärmer, der so lebt wie er lehrt.

ANMERKUNG VOM GENIE

Genie und Talent sind verschieden. Man nennt zuweilen das Talent Genie, wegen der Approximation zum Genie. Genie ist das ursprüngliche Talent von so vielen: das zweckfreie Talent.

Das Talent, welches zur Philosophie erfordert wird, ist von dem, was zur Mathematik nötig ist, verschieden, wie solches oben gezeigt worden. Der Mathematiker ist ein großer 13 Architekt. Durch Ordnung | kann er der Philosophie sehr nützlich sein, aber er wird sie mit neuen Begriffen nicht bereichern. Wo ein Begriff konstruiert werden soll, da kann der Mathematicus alles tun, aber bei Begriffen, die diskursiv sind, wird er nichts ausrichten, er müsste denn auch ein philosophischer Kopf sein. – Zum philosophischen Talent gehört Witz und das Vermögen, sowohl das Allgemeine in concreto, als auch das Einzelne in abstracto zu erwägen.

Kann man die Philosophie lernen? Diese Frage ist schon oben beantwortet. – Soll man aber philosophieren lernen? –

Nous voyons que la philosophie commence par la spéculation, et s'élève ensuite à sa véritable destination : elle devient le guide de la raison. Seulement, elle peut aussi dégénérer en simple spéculation, et alors la métaphysique des mœurs et l'anthropologie pratique deviennent purement techniques[25]. « Quand voudras-tu commencer à vivre vertueusement ? », disait Platon à un vieil homme qui lui racontait qu'il avait suivi des leçons sur la vertu[26]. – Il ne faut pas toujours spéculer, mais aussi à un moment penser à la pratique. Seulement on tient de nos jours pour un exalté celui qui vit conformément à ce qu'il enseigne.

Remarque sur le génie

Le génie est différent du talent. On appelle parfois le talent génie en raison de sa ressemblance avec le génie. Le génie est le talent originaire à beaucoup de choses : un talent libre de toute finalité[27].

Le talent qui est exigé en philosophie est différent de celui qui est nécessaire en mathématique, comme cela a été montré plus haut. Le mathématicien est un grand architecte. | Il peut **13** être très utile à la philosophie pour sa mise en ordre mais il ne l'enrichira pas de nouveaux concepts. Quand il s'agit de construire un concept, le mathématicien réussit parfaitement, mais lorsque les concepts sont discursifs, il n'arrivera à rien à moins qu'il n'ait aussi un esprit philosophique. – L'ingéniosité d'esprit et la capacité à considérer tout autant l'universel concrètement que le particulier abstraitement font partie du talent philosophique[28].

Peut-on apprendre la philosophie ? Il a déjà été répondu à cette question ci-dessus. – Mais doit-on apprendre à philo-

Was einen so weitläufigen Nutzen als das Philosophieren hat, bedarf keiner Empfehlung; die Lobreden sind überflüssig, wo die Vorteile so offenbar in die Augen fallen.

Charakter der Philosophie. Philosophisch heißt 1) frei von Nachahmung, 2) frei von Affekten sein. Die Philosophie tut beides. Das viel Wissen bläht auf, die Philosophie aber drückt den Stolz nieder. Sie ist die einzige Kur dawider. Wenn sie so weit gelangt als Menschen möglich ist, so bestimmt sie die Grenzen und zeigt den wenigen Nutzen von vielen Kenntnissen. Die Philosophie soll dazu dienen in sich selbst etwas zu billigen und nicht deswegen, weil es die andern so haben wollen, oder weil Nachfrage danach ist. Man muss suchen, weise zu sein und nicht bloß spekulative Kenntnisse sammeln, denn das Wissen lässt eine große Leere.

VON DER LOGIK ÜBERHAUPT

Wir sollen denken und auch unser Denken berichtigen lernen. Die Wissenschaft, die vom Denken überhaupt ohne Ansehen des Objekts handelt, heißt die Logik. Die Logik lehrt uns also von keinem Gegenstand etwas, auch nichts vom Verstand. In Ansehung der Gegenstände werden wir also nichts lernen. Sie ist daher kein Organon, sondern eine Analysis des gemeinen Verstandes. Was die Grammatik in Ansehung der Sprache ist, das ist sie in Ansehung des Gebrauchs des Verstandes. Diese Analytik des gemeinen Verstandes und der Vernunft enthält den Canon des Gebrauchs des Verstandes und der Vernunft überhaupt. Ein Organon ist sie nicht. Denn ein Organon dient zur Vollendung, ob es gleich scheint, dass es zum Anfange diene.

sopher? – Ce qui est d'une utilité aussi grande que le philosopher n'a pas besoin d'être recommandé : les éloges sont inutiles quand les avantages sont si évidents.

Caractère de la philosophie. Être philosophe signifie être 1) libre de toute imitation, 2) libre de toute affection. La philosophie accomplit les deux. Savoir beaucoup [de choses] gonfle d'orgueil, mais la philosophie rabaisse la fierté, et en est l'unique remède. Une fois qu'elle est allée aussi loin qu'il est humainement possible, elle détermine alors les limites et montre le peu d'utilité de nombreuses connaissances. La philosophie doit servir à reconnaître par soi-même ce qui est juste, et non parce que c'est ce que pensent ou veulent les autres. Il faut chercher à devenir sage, et non accumuler seulement des connaissances spéculatives, car le savoir laisse un grand vide[29].

SUR LA LOGIQUE EN GÉNÉRAL

Nous devons apprendre à penser et aussi à rectifier notre pensée[30]. La science qui traite de la pensée en général indépendamment de l'objet est la logique. La logique ne nous apprend ainsi rien de l'objet ni de l'entendement. Nous n'apprendrons ainsi rien relativement aux objets. Elle n'est donc pas un organon mais une analyse de l'entendement commun. Elle est, relativement à l'usage de l'entendement, ce que la grammaire est à la langue. Cette analytique de l'entendement commun et de la raison contient le canon de l'usage de l'entendement et de la raison en général. Elle n'est pas un organon, car un organon, même s'il semble utile pour commencer, est ce qui sert à mener quelque chose à terme.

14 | Der eine Teil der Logik heißt die Analytik, der andere die Dialektik, hier werden wir gelehrt, von Dingen zu reden, die wir gar nicht kennen. Überhaupt man kann davon ungemein viel reden, was und wovon man nicht überzeugt ist, dass es da sei. Der logische Canon ist nicht aus der Erfahrung genommen. Das allgemeine Verfahren der Vernunft kann a priori erwiesen werden, es ist also nicht aus der Psychologie genommen. Das Organon der Logik könnte wohl aus der Psychologie genommen werden. Der gemeine Verstand hat zu erst die logische Regel ausgeübt. Die Erfahrung lehrt uns nicht die logischen Regeln, sondern zeigt uns, wie wir Anlass nehmen sollen, die logischen Regeln danach zu beurteilen.

ABHANDLUNG

Von den angeborenen Begriffen. Der eine Teil der Philosophen behauptet, dass wir mit Erkenntnissen versehen auf die Welt kommen, dass sich der Vorrat nur allmählich entwickelt, und dass die Seele des Menschen gleichsam wie eine beschriebene Tafel sei. Unter diesen war Plato der vorzüglichste obgleich nicht der erste, dieser war Pythagoras. Der andere Teil behauptet das Gegenteil, die Seele sei wie eine tabula rasa. Aristoteles gehört hierher. Das Vermögen, sich Begriffe zu verschaffen, die von den Sinnen nicht entlehnt noch angeboren sind, nannte er Verstand. Epikur ging weiter, er sagte, dass unsere Begriffe nicht nur erworben, sondern auch alle von der Sinnlichkeit geborgt wären. Epikur war der Philosoph der Sinnlichkeit, Aristoteles der intellectualen Begriffe und Plato der intellectualen Anschauungen. Wir haben keine Anschauungen als durch die Sinne. Die Sinne sind das Vermögen der Anschauung und der Verstand der Begriffe.

| Une partie de la logique est l'analytique, l'autre est la **14**
dialectique, où nous apprenons à parler des choses que nous ne
connaissons absolument pas. On peut en général parler
énormément de ce dont on n'est pas convaincu de l'existence.
Le canon logique n'est pas tiré de l'expérience. Le procédé
universel de la raison peut être prouvé *a priori*, et n'est donc
pas tiré de la psychologie. L'organon de la logique pourrait
bien être tiré de la psychologie. L'entendement commun fait
d'abord usage de règles logiques. L'expérience ne nous
apprend pas les règles logiques, mais nous montre comment
elle doit être l'occasion de juger selon des règles logiques.

TRAITÉ

DES CONCEPTS INNÉS

Une partie des philosophes affirme que nous venons au
monde pourvus de connaissances, que cette réserve de
connaissances ne se dévoile que progressivement, et que
l'âme humaine est comparable à une table écrite[31]. Parmi eux,
le plus remarquable fut Platon, bien qu'il ne fût pas le premier,
qui était Pythagore. L'autre partie affirme au contraire que
l'âme est comme une table rase. Aristote appartient à ceux-ci.
Il appelait entendement le pouvoir de se doter de concepts
qui ne soient ni innés ni tirés des sens. Épicure alla plus
loin et dit que tous nos concepts n'étaient pas seulement
acquis, mais qu'ils naissaient tous de la sensibilité. Épicure
était le philosophe de la sensibilité, Aristote des concepts
intellectuels, et Platon des intuitions intellectuelles. [Or] nous
n'avons d'intuition que par les sens. Les sens sont le pouvoir
des intuitions, et l'entendement est le pouvoir des concepts.

Diese sind Diskursionen, die Anschauung aber Intuition. Ich kann nur das anschauen, was mir gegeben ist, und mich affiziert. Die Anschauung ist das Bewusstsein eines Gegenstandes, der mich rührt und affiziert.

Da die Sinnen nur Apparenzen uns darstellen, sagten die Alten, so erkennen wir die Gegenstände nicht wie sie sind, sondern wie sie erscheinen, nicht ihre innere Beschaffenheit sondern die Erscheinung. Unsere Anschauungen wären ein bloßes Spiel unserer Einbildungskraft. Sie verwechselten Schein und Erscheinung. Sie sagten, dass in den Sinnen keine
15 Wahrheit sei. Wahrheit und Schein residiert im | Verstand. In meinem Urteil ist entweder Wahrheit oder Schein, aber nicht in der Erscheinung. Wenn ich sage die Sonne bewegt sich, so ist in dem Urteil ein Schein, sage ich aber sie bewegt sich nicht, so ist darinnen Wahrheit und kein Schein. Ein Urteil, was aus der falschen Anleitung des Verstandes entspringt, heißt Schein. Wenn unser Urteil mit der Erscheinung übereinstimmt, denn ist es wahrscheinlich. Ich kann einen Gegenstand außer mir nicht anders gewahr werden und mir vorstellen, als wie er mir erscheint, denn er liegt nicht in mir. Die Alten glaubten aber, dass wir von den Gegenständen noch eine andere Erkenntnis als durch die bloße sinnliche Erscheinung haben. Sie glaubten [an] ein intellektuelles Anschauen. Die Erkenntnisse, die dadurch erworben wurden, nannten sie Noumena, und unterschieden sie von den Phaenomenis. Gott allein kann die Gegenstände intellectualiter anschauen, denn sie existieren durch ihn, und er ist sich seiner Handlungen bewusst. Aber wir können sie nicht intellectualiter anschauen, denn wir können uns von ihrem Dasein nicht anders überzeugen, als nur wenn sie uns erscheinen. Ich kann nichts originaliter anschauen (als mich selbst) sondern nur derivative wenn mich etwas affiziert. Denn wie kann ich mich anders von

Ceux-ci sont discursifs, et celles-là intuitives. Je ne peux avoir
d'intuition que de ce qui m'est donné, et qui m'affecte.
L'intuition est la conscience d'un objet qui me touche et
m'affecte.

Puisque les sens ne nous présentent que des apparences,
disaient les Anciens, alors nous ne connaissons les objets non
tels qu'ils sont mais tels qu'ils apparaissent, non leur consti-
tution propre mais leur phénomène [32]. Nos intuitions seraient
alors le simple jeu de notre imagination. Ils confondaient
apparence et phénomène [33]. Ils disaient qu'il n'y avait aucune
vérité dans les sens. La vérité et l'apparence résident dans
| l'entendement. L'apparence ou la vérité est dans mon juge-   15
ment, mais non dans le phénomène. Si je dis que le soleil se
déplace, il y a dans le jugement une apparence, mais si je dis
qu'il ne se déplace pas, alors il y a en lui vérité et nulle apparence. Un jugement qui provient d'une fausse indication de
l'entendement est une apparence. Si notre jugement s'accorde
avec le phénomène, alors il est vraisemblable. Je ne peux
percevoir ni me représenter un objet en dehors de moi autrement que tel qu'il m'apparaît, puisqu'il ne se trouve pas en
moi. Les Anciens pensaient cependant que nous avons une
autre connaissance des objets en dehors du simple phénomène
sensible. Ils croyaient en une intuition intellectuelle. Ils
appelaient les connaissances acquises de cette manière les
noumènes, et ils les distinguaient des phénomènes. Seul Dieu
peut avoir une intuition intellectuelle des objets, puisque qu'ils
existent par lui et qu'il est conscient de ses actes. Mais nous
ne pouvons avoir d'intuition intellectuelle, puisque nous ne
pouvons être convaincus de leur existence qu'en tant qu'ils
nous apparaissent. Je ne peux avoir aucune intuition originale
(sauf de moi-même) mais seulement une intuition dérivative
quand quelque chose m'affecte. De quelle autre manière

etwas außer mir überzeugen? Die Alten glaubten durch vieles Philosophieren, der geistigen Anschauungen fähig zu werden. Daraus entstand die mystische Philosophie. Sie war schon bei den Ägyptern. Ihre esoterische Philosophie lehrte die geistige Anschauung und war nur für die Eingeweihte. Die exoterische handelte von den Erscheinungen und war für jedermann. Die esoterische Lehre diente oft, dem Volk einen Betrug zu spielen. Sie lehrte aber auch, dass der Mensch so gar die Gottheit anschauen kann und in Gott alle Dinge. Plato sagte, der Sitz der menschlichen Seele ist ursprünglich in der ewigen Gottheit gewesen. Er redet vom Körper wie von einem Kerker. Er behauptete deswegen die angeborenen Begriffe, weil er sagte, dass wir aus der Gottheit entsprungen sind. Seine Philosophie war mystisch. Mystisch sind alle Begriffe die sich auf eine geistige Anschauung gründen. Unser Verstand kann nicht anschauen, sondern denken. Durch eine einzelne Vorstellung erkennen, heißt anschauen. Denken ist die Erkenntnis durch allgemeine Begriffe; die Anschauung heißt physisch, insofern etwas unsern Sinnen erscheinen kann, und mystisch, wenn etwas durch die Sinne nicht erscheinen kann, sondern durch den Verstand angeschaut wird. Dies war des Plato Meinung. Er glaubte, es wären in uns Überbleibsel von unserem 16 vorigen Anschauen, unsere | Erkenntnisse wären Erinnerungen. Aristoteles lehrte ganz entgegen. Unter den neueren war Leibnitz ein Anhänger von Plato. Er nahm aber nicht seine ganze Meinung an. Er glaubte nicht, dass wir geistige Anschauungen hätten, sondern bloß angeborene Kenntnisse d.i. Kenntnisse von Dingen die wir noch nicht gesehen haben, dass wir Begriffe von Dingen hätten, ehe wir sie kennen. Locke, der für einen Anhänger des Aristoteles gehalten wird,

puis-je être convaincu de quelque chose en dehors de moi ? Les Anciens pensaient être capables d'intuitions spirituelles à force de philosopher. La philosophie mystique est venue de là. Elle existait déjà chez les Égyptiens. Leur philosophie ésotérique instruisait de l'intuition spirituelle et s'adressait seulement aux initiés. La philosophie exotérique traitait des phénomènes et s'adressait à tout le monde. La doctrine ésotérique servait souvent à tromper le peuple. Mais elle enseignait aussi que l'homme peut avoir une intuition de la divinité et que toute chose est en Dieu[34]. Platon disait que le siège de l'âme humaine était à l'origine dans la divinité éternelle. Il parlait du corps comme d'une prison. C'est ainsi qu'il affirmait l'existence des concepts innés puisqu'il disait que nous provenions de la divinité[35]. Sa philosophie était mystique. Tous les concepts qui se fondent sur une intuition spirituelle sont mystiques. Notre entendement ne peut avoir d'intuition, mais il peut penser. Connaître au moyen d'une unique représentation, c'est avoir une intuition. La pensée est la connaissance au moyen de concepts généraux ; l'intuition est physique en tant que quelque chose peut apparaître à nos sens, et mystique si quelque chose ne peut apparaître à nos sens, mais est cependant intuitionné par l'entendement. Telle était l'opinion de Platon. Il pensait qu'il y avait en nous des vestiges de nos intuitions passées, et que nos | connaissances étaient **16** des souvenirs[36]. Aristote enseignait exactement le contraire. Parmi les modernes, Leibniz fut un disciple de Platon. Il n'admettait cependant pas toute son opinion. Il ne pensait pas que nous ayons des intuitions spirituelles, mais seulement des connaissances innées, c'est-à-dire des connaissances de choses que nous n'avons pas encore vues ; et il ne pensait pas que nous ayons des concepts des choses avant de les connaître. Locke, qui est considéré comme un disciple d'Aristote, tenait

behauptet, dass alle unsere Begriffe erworben sind. Die Begriffe liegen nicht in uns, sondern das Vermögen zu reflektieren. Aristoteles glaubte, dass unsere Erkenntnisse aus den Sinnen geschöpft sind und entspringen. Das lehrte Locke nicht, sondern dass sie bei Gelegenheit der Sinne entspringen. – Etwas als angeboren anzunehmen ist der Philosophie sehr zuwider. Es ist eben so, als wenn man alle Laster von der Erbsünde herleiten will, da doch ihrer viele erworben sind. Auf das Angeboren sich berufen ist die sacra ancora der Unwissenheit und der Faulen der Philosophen. Denn hört alles Philosophieren auf. – Rousseau nimmt an, dass alle Laster erworben sind, obgleich er darinnen Unrecht hat, so gibt doch das Gelegenheit zum Philosophieren. – Man muss in der Natur so lange bleiben, als es möglich ist, und sich nicht unmittelbar auf Gott berufen, denn das ist sehr vermessen. Eine Natur Begebenheit hat ihre Ursachen in der Natur, und diese Ursache wieder eine andere. Die Ursachen steigen so, bis man zuletzt auf Gott kommt. Maximen von etwas angeborenen oder von unmittelbaren Verhängnissen Gottes, sind das Polster der Faulen.

Wir wollen jetzt die Logik aus einem Gesichtspunkt betrachten.

Da die Logik vom Denken überhaupt handelt, so werden darinnen vorkommen:

1) Begriffe, d.i. eine Kenntnis von Dingen durch allgemeine Vorstellungen.

2) Urteile, wenn ich im Verhältnis etwas erkenne.

3) Schlüsse sind das Verhältnis der Urteile unter einander.

que tous nos concepts sont acquis. Ce ne sont pas les concepts qui se trouvent en nous, mais le pouvoir de réfléchir. Aristote pensait que nos connaissances proviennent et résultent des sens. Ce n'est pas ce que pensait Locke, qui disait qu'elles naissaient à l'occasion des sens. – Admettre quelque chose d'inné est très contraire à la philosophie. C'est comme lorsque l'on veut ramener tous les vices au péché originel, alors que beaucoup d'entre eux sont acquis. Recourir à l'inné est le sanctuaire (*ancora sacra*) de l'ignorance et des philosophes paresseux [37]. Car alors cesse toute philosophie. – Rousseau tient que tous les vices sont acquis, et bien qu'il ait en cela tort, il donne cependant l'occasion de philosopher. – Il faut en rester à la nature aussi longtemps que possible et ne pas en appeler immédiatement à Dieu, ce qui est vraiment très déplacé. Un événement de la nature a ses causes dans la nature, et ces causes à leur tour en ont d'autres, et les causes s'élèvent ainsi jusqu'à ce que l'on arrive enfin à Dieu. Des maximes fondées sur quelque chose d'inné ou sur des décrets immédiats de Dieu sont le lit des paresseux.

Nous voulons maintenant considérer la logique du point de vue suivant.

Puisque la Logique traite de la pensée en général, alors y figureront :

1) les concepts, c'est-à-dire les connaissances des choses au moyen de représentations générales,

2) les jugements, quand je connais quelque chose dans un rapport,

3) les raisonnements, qui sont des rapports de jugements les uns sous les autres.

VON DEN BEGRIFFEN

Durch die Sinnlichkeit werden wir nur der Form der Dinge gewahr 1) Raum und 2) Zeit. Der Verstand aber ist das Vermögen der Vorstellungen nach Regeln. Ein jeder allgemeine Begriff ist eine Vorstellung, die als eine Regel gedacht wird. Etwas ist eine Regel, wenn das Mannigfaltige auf gleiche Art gedacht werden soll.

17 | Alles in der Natur sucht sich zu erhalten. Der Verstand also auch und zwar dadurch, dass er nach Regeln handelt. Nimmt man ihm die Regeln weg, so nimmt man ihm das Leben. Warum glauben wir nicht an Zaubereien? Weil sonst gar nichts zur Regel dienen könnte. Der Verstand hält sich so fest an die Regeln, dass er sich oft bis in die größte Enge treiben lässt. Denn sind die Regeln einmal weg, so weiß man nicht, woran man sich halten soll.

Die Wunder, die ehemals geschehen sind, hält man nur für einige Ausnahmen von den Regeln. Warum glaubt man jetz, keine? Man hat Grenzen setzen müssen, bis wieweit die Ausnahmen stattfinden, und verwirft jetzt alle Appellation darauf. Die Natur hat auch durch ein Wunder ihren Anfang nehmen müssen, jetzt aber geht alles natürlich zu. – Die Regel ist ein Satz. Ein Urteil ist eine Regel in abstracto. Alle Regel ist ein jedes Urteil einer Regel. Ein Urteil drückt unser gesamtes Denken aus.

Ein Begriff ist eine Vorstellung in einer potentialen Regel. – Ein jeder Begriff ist ein Prädikat zu einem jeden möglichen Urteil. Ein Schluss ist nur ein mittelbares Urteil.

All unsere Erkenntnis ist erstens Vorstellung (Repräsentation); ist man sich ihrer bewußt, so wird sie perceptio oder

DES CONCEPTS

Par la sensibilité, nous ne percevons que la forme de la chose : 1) l'espace et 2) le temps. L'entendement est le pouvoir des représentations selon des règles. Tout concept général est une représentation qui est pensée comme une règle. Une règle est ce qui permet de penser la diversité d'une même manière.

| Tout dans la nature cherche à se conserver. Et ainsi   17 l'entendement, en tant qu'il procède selon des règles. Qu'on lui retire les règles et on lui retire la vie. Pourquoi ne croyons-nous pas aux sortilèges ? Parce que sinon plus rien ne pourrait servir de règle. L'entendement tient tellement aux règles qu'il se trouve souvent repoussé dans ses derniers retranchements. Et qu'on enlève une seule fois les règles, et on ne sait alors plus à quoi s'en tenir.

Les miracles qui se produisaient autrefois ne sont considérés que comme des exceptions aux règles. Pourquoi n'y croyons-nous plus maintenant ? Il a fallu fixer les limites à l'intérieur desquelles des exceptions peuvent avoir lieu, et nous y renvoyons maintenant toute contestation. La nature doit bien aussi tenir son origine d'un miracle, mais désormais tout arrive naturellement. – Une règle est une proposition. Un jugement est une règle *in abstracto*. Chaque règle est règle d'un jugement. Un jugement exprime notre pensée dans son ensemble.

Un concept est une représentation pour une règle potentielle. – Chaque concept est un prédicat pour n'importe quel jugement possible. Un raisonnement n'est qu'un jugement médiat.

Toute connaissance est en premier lieu une représentation, et si nous en avons conscience, c'est une perception. Si elle est

Wahrnehmung. Ist sie allgemein, so heißt sie conceptus. Ist der conceptus a priori hergenommen, so ist's notio. Der höchste Grad der Notion ist [die] Idea im Platonischen Sinn, die das Urbild der Sache ausdrückt.

Wir haben viele Vorstellungen, deren wir uns nicht bewusst sind, so dass der wichtigste Teil der Philosophie sich damit beschäftigt, die dunklen Vorstellungen uns klar und ihrer bewusst zu machen. Nicht alles was man denkt, nennt man wahr. So hat man mit manchem Menschen gesprochen, ohne sich hernach besinnen zu können, wie er gekleidet war. Conceptus ist eine Vorstellung, die ein für viele Individua gemeingültiges Merkmal enthält. Conceptus ist nicht deswegen communis, als ob er viele Vorstellungen in sich enthielte, sondern weil er ein Merkmal enthält, was vielen Dingen eigen ist. Sphaera conceptus ist der Kreis, der die Vorstellungen einfasst, von welchen der conceptus das gemeingültige Merkmal ist. Conceptus communis ist tautologisch, denn jeder conceptus ist communis.

Einige conceptus kommen rein vom Verstande her, z. B. Notwendigkeit, und die heißen Notiones a νοῦς (mens).

Idea ist eine einzelne Verstandserkenntnis, sofern sie der Grund der Möglichkeit des Gegenstandes ist. Idee ist dadurch 18 von der | Notion [zu] unterscheiden, dass sie einzeln ist. Die Logik handelt weder von den Notionen noch Ideen, denn sie ist in Ansehung des Ursprungs der Begriffe und ihrer Anwendung gleichgültig. Nur die conceptus sind ihr Gegenstand.

Die Einteilung der Conceptus in singulares und communes ist falsch, denn conceptus singularis ist gar kein conceptus. Conceptus wird gedacht entweder in abstracto oder in concreto. Wenn ich mir den Menschen denke als Mann, so denke ich ihn in concreto, denke ich ihn unbestimmt in

générale, alors c'est un concept. Si le concept est formé *a priori*, c'est une notion. Le plus haut degré de la notion est l'idée au sens platonicien, laquelle exprime l'archétype de la chose [38].

Nous avons beaucoup de représentations dont nous ne sommes pas conscients, de sorte que la plus grande partie de la philosophie s'emploie à nous rendre claires et conscientes des représentations obscures. On ne désigne pas comme vrai tout ce que l'on pense. C'est ainsi qu'on a pu parler avec quelqu'un sans pouvoir se rappeler ensuite comment il était habillé. Un concept est une représentation qui contient un caractère commun à beaucoup d'individus. Ce n'est pas parce qu'il contient de nombreuses représentations qu'un concept est dit commun, mais parce qu'il contient un caractère qui est propre à de nombreuses choses. La sphère d'un concept est le cercle qui comprend les représentations dont le concept est le caractère commun. Un concept commun est une tautologie puisque tout concept est commun.

Certains concepts proviennent uniquement de l'entendement, par exemple la nécessité, et s'appellent des notions du νοῦς (esprit).

L'idée est une connaissance singulière de l'entendement dans la mesure où elle est le principe de la possibilité de l'objet. L'idée se distingue ainsi | de la notion du fait qu'elle est **18** singulière. La logique ne traite ni des notions ni des idées, car elle est indifférente à l'origine et à l'application des concepts. Elle n'a pour objet que les concepts.

La division des concepts en singuliers et communs est fausse, puisqu'un concept singulier n'est pas du tout un concept. On peut penser un concept soit *in abstracto* soit *in concreto*. Si je pense l'homme comme un individu mâle, alors je le pense *in concreto*, mais si je le pense de manière

Ansehung dessen, was in ihm enthalten ist, z. B. ich denke mir den Begriff des Menschen ohne an Kinder oder Alte, ohne an den Unterschied des Geschlechts oder Standes, so denke ich ihn in abstracto. Ein abstrakter Kopf ist, der so denkt, dass er nur immer auf das sieht, was den Begriffen gemein ist.

Begriffe sollten heißen das Gemeingültige unserer Vorstellungen. Conceptus communis per pleonasmum wird dem singulari contradistinguiert. Das Vermögen, sich die Dinge durch Begriffe vorzustellen, heißt Denken. Klare und deutliche Begriffe sind verschieden. Klare Begriffe sind solche, deren man sich bewusst ist, und dunkle, derer man sich nicht bewusst ist. Die Analysis der Begriffe ist die Klarmachung derselben. Die Philosophie verschafft uns entweder neue Begriffe oder sie macht nur die dunklen klar. Der größte und wichtigste Teil der Philosophie besteht in der Analysis der Begriffe, die wir schon haben. Die ganze Moral ist so beschaffen. Denn wie könnten wir z. B. von dem Begriff der Tugend überzeugt werden, wenn er nicht schon in uns läge. Klar wird eine Erkenntnis nicht bloß dadurch, dass man die Merkmale, die in dem Begriffe liegen, entwickelt und macht, dass man sich derselben bewusst wird, sondern auch dadurch, wenn man neue Merkmale hinzufügt, z. B. wenn man vom Gold sagt, dass es nicht rostet. Dieses Merkmal lag nicht in unserm Begriff vom Gold. Begriff wird auch als ein Erkenntnisgrund angesehen, denn ist er ein Merkmal und ist entweder ein Conceptus completus oder incompletus. Die completudo ist die Zulänglichkeit des Begriffs. Er ist präzis, wenn er nur das enthält, was zur Zulänglichkeit erforderlich ist. Completudo und praecisio gehören zu den Begriffen im Verhältnis auf andere.

indéterminée relativement à ce qu'il contient, par exemple je pense le concept d'homme sans distinguer les enfants ou les personnes âgées, sans distinguer les sexes ou les états, alors je le pense *in abstracto*. Un esprit abstrait est celui qui pense en ne faisant toujours attention qu'à ce qui est commun aux concepts.

Les concepts devraient s'appeler le commun de nos représentations[39]. Un concept commun est un pléonasme formé par contraposition de l'expression de concept singulier. Le pouvoir de se représenter des choses au moyen des concepts est la pensée. Les concepts clairs et les concepts distincts sont différents. Les concepts clairs sont ceux dont on a conscience, les concepts obscurs ceux dont on n'a pas conscience. L'analyse des concepts est leur clarification. La philosophie soit nous fournit de nouveaux concepts, soit clarifie les concepts obscurs. La plus grande et la plus importante partie de la philosophie consiste dans l'analyse des concepts que nous avons déjà. Toute la morale ne fait que cela. Car comment pourrions nous, par exemple, être assurés du concept de vertu s'il ne se trouvait déjà en nous? Une connaissance ne devient pas claire seulement si l'on détaille et prend conscience des caractères qui se trouvent dans le concept, mais également si l'on trouve de nouveaux caractères, par exemple si l'on dit de l'or qu'il ne s'oxyde pas. Car ce caractère ne se trouve pas dans notre concept d'or[40]. Le concept est aussi tenu pour un principe de connaissance, puisqu'il est un caractère, et qu'il est soit un concept complet soit un concept incomplet. La complétude est la suffisance du concept. Il est précis s'il ne contient que ce qui est nécessaire à sa suffisance. La complétude et la précision n'appartiennent à un concept que relativement aux autres[41].

VON DEN URTEILEN

[Ein] Urteil ist der erste Gebrauch, den wir von den Begriffen machen. Ein Begriff ist eine Vorstellung, die die
19 Funktion eines Urteils | enthält. Ein Begriff ist ein Prädikat zu einem jeden möglichen Urteil, zu welchem das Subjekt noch nicht bestimmt ist, z. B. der Begriff der Tugend ist ein Prädikat von vielen Subjekten. Die Gerechtigkeit ist eine Tugend. Die Sanftmut ist eine Tugend etc. Im Urteil sind zwei Begriffe im Verhältnis, der eine dient dazu den andern zu unterscheiden.

Die Urteile sind dreifacher Art.

1) Kategorische, wo ein Begriff mit dem anderen verglichen wird, wie ein Prädikat zum Subjekt.

2) Hypothetische, wo die Begriffe verglichen werden wie Grund und Folge.

3) Disjunctive, wo die Begriffe miteinander verglichen werden wie Teile zum Ganzen. Die Vorstellung der Abteilung von dem Umfang eines Begriffs ist die Vergleichung der Teile zum Ganzen. Z. B. man sagt: die Welt ist entweder notwendig oder zufällig oder ohne alle Ursache. – Mehrere Arten von Urteilen sind nicht möglich.

Das war eine Einteilung der Urteile der Relation nach. Noch werden sie der Qualität nach eingeteilt in verneinende und bejahende. In der Natürlichen Theologie sind die verneinenden Urteile von äußerster Wichtigkeit und überhaupt in allen Wissenschaften, wo die Irrtümer wichtige Folgen nach sich ziehen.

DES JUGEMENTS

Le jugement est le premier usage que nous faisons des concepts. Un concept est une représentation qui contient la fonction d'un jugement. | Un concept est un prédicat pour **19** n'importe quel jugement possible dont le sujet n'est pas encore déterminé. Par exemple, le concept de vertu est le prédicat de nombreux sujets : « la justice est une vertu », « la modération est une vertu », etc. Dans un jugement, deux concepts sont en relation, l'un servant à différencier l'autre.

Il y a trois sortes de jugements :

1) Catégoriques, quand un concept est mis en relation avec un autre comme un prédicat à un sujet.

2) Hypothétiques, quand les concepts sont mis en relation comme un principe et une conséquence.

3) Disjonctifs, quand les concepts sont mis en relation entre eux comme des parties envers un tout. [Dans ce cas], la représentation de la division de l'extension d'un concept est la relation des parties à un tout. Par exemple, on dit du monde qu'il est soit nécessaire soit contingent soit privé de toute cause. Il n'y a pas d'autre sorte de jugements possible.

Telle était la division des jugements selon la relation. Ils peuvent encore être divisés selon la qualité en négatifs et affirmatifs. Dans la théologie naturelle, les jugements négatifs sont de la plus grande importance, et en général dans toutes les sciences où des erreurs entraînent des conséquences importantes.

Von den Schlüssen

Ein Schluss ist ein Übergang von einem Urteil zum anderen. Die Schlüsse sind entweder mittelbar oder unmittelbar, die unmittelbaren bestehen in denselben terminis. Zu den mittelbaren gehören drei und zu den unmittelbaren zwei Urteile.

Wenn in zwei Urteilen die Termini nicht gleich sind, so muss ein Zwischenurteil hinzukommen, z. B. die Seele ist einfach, also ist die Seele unverweslich. Seele ist in beiden Urteilen [der] gleiche Terminus, aber einfach und unverweslich nicht. Es wird also ein 3tes Urteil erfordert. Alles was einfach ist, ist unverweslich, die Seele ist einfach, also ist die Seele unverweslich.

Das Prädikat ist größer als das Subjekt, es enthält noch mehr in sich als dieses eine Subjekt. Deswegen heißt der erste Satz, der ein Prädikat vom zweiten ist, major und der zweite als das Subjekt minor. Alles Einfache ist unverweslich, ist 20 der Major denn er enthält | mehr als die Seele z. B. auch die einfachen Teile des Körpers. Die conclusio ist ein Urteil insofern es vermittelst eines Mittelbegriffs wahr ist. Die vor der Conclusion vorhergehenden Sätze heißen die Prämissen. Hier war die Rede von den kategorischen Urteilen.

Was ist Wahrheit?

Es gibt viele Fragen welche deswegen nicht beantwortet werden können, weil sie ganz unbestimmt sind.

DES RAISONNEMENTS

Un raisonnement est le passage d'un jugement à un autre. Les raisonnements sont soit médiats soit immédiats. Les raisonnements immédiats sont contenus dans les termes eux-mêmes. Les raisonnements médiats comportent trois jugements, les immédiats deux jugements [42].

Lorsque dans deux jugements, les termes ne sont pas identiques, il faut ajouter un jugement intermédiaire : par exemple, « l'âme est simple, donc l'âme est incorruptible ». L'âme est un terme commun aux deux jugements, mais simple et incorruptible ne le sont pas. Un troisième jugement est donc nécessaire : « tout ce qui est simple est incorruptible, l'âme est simple, donc l'âme est incorruptible ».

Le prédicat est plus grand que le sujet, il contient en lui encore plus que ce sujet même. C'est pourquoi on appelle la première proposition, qui est un prédicat de la deuxième, la majeure, et la seconde qui en est le sujet, la mineure. « Tout ce qui est simple est incorruptible » est la majeure, et contient donc | plus que l'âme, par exemple elle contient aussi les **20** parties simples du corps. La conclusion est un jugement rendu vrai au moyen d'un concept intermédiaire. Les propositions précédant la conclusion s'appellent les prémisses. Tel était le propos sur les jugements catégoriques.

QU'EST-CE QUE LA VÉRITÉ ?

Il y a beaucoup de questions auxquelles on ne peut précisément pas répondre parce qu'elles sont totalement indé-

Ich frage nach der Wahrheit einer Erkenntnis ohne aufs Subjekt zu sehen. Da hier keine Merkmale vom Gegenstand angegeben werden können, so weiß ich nicht, wie sie mit demselben übereinstimmen werden. Die Wahrheit ist die Übereinstimmung der Erkenntnis mit dem Objekt. Das Merkmal der Übereinstimmung kann aber nicht bestimmt werden, weil das Objekt gar nicht bestimmt ist. Die Erklärung der Wahrheit soll so beschaffen sein, dass sie auf alle Objekte ohne Unterschied passt. Ist aber die Art der Erkenntnis oder das Objekt unbestimmt, so wird auch das Merkmal der Übereinstimmung der Erkenntnis mit dem Objekt verschieden sein, so oft dieses variiert. Es bleibt also die Antwort auf die Frage, was ist Wahrheit? ganz unbestimmt, und es kann kein allgemeingültiges Merkmal, keine allgemeine Regel von der Wahrheit gegeben werden, weil die Wahrheit nur bloß dadurch Wahrheit ist, dass sie mit einem bestimmten Gegenstand übereinstimmt. Wodurch kann man erkennen, dass etwas mit dem Gegenstand übereinstimmt? Dadurch, dass ich eine Vergleichung anstelle. Dies kann ich aber nicht tun wenn ich den Gegenstand selbst nicht kenne. Die Erklärung der Wahrheit, dass sie nämlich eine Übereinstimmung der Erkenntnis mit dem Gegenstand sei, ist zwar tautologisch, allein sie kann auch nicht bestimmter sein. Die Skeptiker sagten, die criteria der Wahrheit könnten nicht in der Logik angegeben werden, weil keine bestimmten Merkmale angegeben werden können; sie sagten ferner, die Erkenntnis, die man von der Sache hat, kann mit unserer Erkenntnis übereinstimmen und doch falsch sein.

Das Principium contradictionis ist die erste Bedingung unter der etwas wahr ist. Aber deswegen ist doch die Erkenntnis noch nicht wahr, wenn sie sich nicht widerspricht. Es ist nur eine conditio sine qua non, aber kein bestimmtes

terminées. Je m'interroge sur la vérité d'une connaissance, sans considérer son sujet. Puisque aucun caractère de l'objet ne peut être ici précisé, alors je ne sais pas comment les caractères s'accordent à celui-ci. La vérité est l'accord de la connaissance avec l'objet. Le caractère de cet accord ne peut cependant pas être déterminé, puisque l'objet lui-même n'est pas du tout déterminé. La définition de la vérité doit donc être telle qu'elle convienne à tous les objets sans distinction. Et si le type de connaissance ou d'objet est indéterminé, alors le caractère de cet accord de la connaissance avec l'objet variera autant que l'objet lui-même varie. La réponse à la question *Qu'est-ce que la vérité?* reste ainsi totalement indéterminée, et l'on ne peut donner aucun caractère universellement valable ni aucune règle universelle de la vérité, puisque la vérité n'est vérité que par l'accord avec un objet déterminé. Comment peut-on reconnaître que quelque chose est en accord avec un objet? En établissant une comparaison. Mais je ne peux le faire si je ne connais pas l'objet lui-même. La définition de la vérité selon laquelle elle est un accord de la connaissance avec son objet est en réalité tautologique, mais on ne peut la déterminer davantage. Les Sceptiques disaient que les critères de la vérité ne pouvaient être énoncés à l'intérieur de la logique puisque aucun caractère déterminé ne pouvait en être donné; et ils ajoutaient que la connaissance que l'on a de la chose peut être en accord avec notre connaissance et être cependant fausse.

Le principe de contradiction est la première condition pour qu'une chose soit vraie. Mais une connaissance n'en est cependant pas vraie si elle ne se contredit pas. Ce n'est là qu'une *conditio sine qua non*, mais non un caractère déter-

Merkmal. Ein gewisser Jacobi hat die Frage aufgeworfen, ein allgemeines Kriterium der Wahrheit zu geben. Das ist aber nicht möglich, denn es variiert nach Verschiedenheit des
21 | Objekts. Die Erfahrungs- und Vernunftsätze haben ganz verschiedene criteria. Der Satz des Widerspruchs ist nur ein negatives criterium.

MITTEL ZUR WAHRHEIT ZU GELANGEN

Irrtum und Wahrheit sind nur im Urteil und nicht in den Begriffen. Die Empfindungen, behaupten einige, enthielten die größte Wahrheit. Allein sie enthalten weder Wahrheit noch Falschheit. Die Sinne geben uns nur data zum Urteil und es kommt darauf an, wie wir sie anwenden. In den Sinnen ist deswegen weder Wahrheit noch Falschheit, weil sie gar nicht urteilen. Urteile sind Handlungen des Verstandes und der Vernunft. Alle Wahrheit wird bestehen in der Übereinstimmung der Erkenntnis mit den Gesetzen des Verstandes und der Vernunft, denn die Erklärung, dass sie die Übereinstimmung der Erkenntnis mit dem Objekt sei, ist nicht bestimmt genug, weil kein Objekt da ist. – Der Irrtum ist der Widerstreit der Erkenntnis mit den Gesetzen des Verstandes und der Vernunft. Der Verstand für sich allein irrt nicht. Der Irrtum besteht zwar im Verstand, allein er entspringt nicht aus dem Verstand allein. Wenn der Verstand allein handelt, so wird er nach seinen Gesetzen handeln, und kann nicht irren.

Irrtum kann nur in den Urteilen stattfinden. Alle Urteile stecken aber im Verstand; folglich kann der Verstand auch irren. Da nun aber die Wahrheit in der Überein-

miné. Un certain Jacobi s'est demandé si l'on pouvait donner un critère universel de la vérité[43]. Mais cela n'est pas possible puisqu'il varie avec la diversité des | objets. Les propositions 21 d'expérience et celles de la raison ont des critères tout à fait différents. Le principe de contradiction est seulement un critère négatif.

MOYEN DE PARVENIR À LA VÉRITÉ

L'erreur et la vérité ne se trouvent que dans les jugements et non dans les concepts. Les sensations, affirment certains, contiendraient la plus grande vérité. Seulement, elles ne contiennent en réalité ni vérité ni fausseté. Les sens ne nous donnent que des données à juger, et tout dépend de la manière dont nous les employons. C'est pourquoi il n'y a dans les sens ni vérité ni fausseté, puisqu'ils ne forment absolument aucun jugement. Les jugements sont des actes de l'entendement et de la raison. Toute vérité consiste dans l'accord de la connaissance avec les lois de l'entendement et de la raison, et la définition selon laquelle elle consiste dans l'accord de la connaissance avec l'objet n'est pas suffisamment déterminée, puisqu'il n'y a là aucun objet. – L'erreur est le conflit de la connaissance avec les lois de l'entendement et de la raison. L'entendement ne se trompe pas en lui-même. L'erreur se forme bien dans l'entendement, mais elle ne provient pas uniquement de l'entendement. Lorsque l'entendement agit seul, il agit d'après ses lois et ne peut se tromper.

L'erreur ne peut se trouver que dans les jugements. Or tous les jugements ont lieu dans l'entendement; par conséquent l'entendement peut aussi se tromper. Mais puisque la vérité

stimmung mit den Gesetzen des Verstandes besteht, so sind seine Urteile abgesondert alle wahr; falsch können sie bloß dadurch werden, wenn der Verstand sich mit einer fremden Kraft vermischt, und das ist vorzüglich die Sinnlichkeit. Er irrt also in der Verbindung mit der Sinnlichkeit. Nun kommen wir dem Merkmal der Wahrheit sehr nah.

Beim Irrtum weicht der Verstand von seinen Regeln ab. In der ganzen Natur aber weicht nichts von [sich] selbst von seinen Gesetzen ab, sondern es muss sich eine fremde Kraft mit vermischen. Und so weicht auch der Verstand von seinen Gesetzen, in Verbindung mit der Sinnlichkeit, ab und irrt. –

Zum Irren gehört eben so gut Verstand als zur Wahrheit. Zur Unwissenheit bedarf man keinen. Der Unterschied zwischen Irrtum und Wahrheit besteht nicht darin, dass in der Wahrheit Verstand, im Irrtum aber keiner sei, sondern dass 22 beim Irrtum der Verstand | anders angewandt wird als bei der Wahrheit. Nur wenn wir urteilen kann Wahrheit oder Falschheit sein. Wahrheit ist die Übereinstimmung der Erkenntnis mit den Gesetzen des Verstandes und der Vernunft. Irrtum ist ein Widerstreit der Erkenntnis mit den Gesetzen des Verstandes und der Vernunft. Wie ist der aber möglich? Man kann ja nicht mit dem Verstand wieder den Verstand handeln. – Wenn der Verstand allein wirkte, so würde er nicht irren. Wirkte die Sinnlichkeit allein, so würden wir auch nicht irren, denn die urteilt gar nicht. – Irrtum entsteht aus der Mischung der Sinnlichkeit und des Verstandes. Er ist so zu sagen die Richtung nach der Diagonallinie. Die Quelle des Irrtums ist nicht in der Sinnlichkeit allein zu suchen, denn die Sinne geben nur den Stoff zum Denken. Der Verstand allein ist das Vermögen zum Denken. Um die Quellen des Irrtums zu finden, muss man aufsuchen, was in der Sinnlichkeit für

consiste dans l'accord avec les lois de l'entendement, tous les jugements de ce dernier sont vrais, et ils ne peuvent devenir faux que lorsque l'entendement se mêle à une faculté étrangère, et c'est notablement le cas de la sensibilité. Il se trompe ainsi dans sa liaison avec la sensibilité. Nous sommes maintenant très proches du caractère de la vérité [44].

Dans l'erreur, l'entendement dévie de ses règles. Or, rien dans toute la nature ne dévie de ses lois par soi-même, mais il faut qu'une force étrangère s'en mêle. Et c'est également ainsi que l'entendement lié à la sensibilité dévie de ses lois, et qu'il se trompe. –

L'entendement est impliqué tout aussi bien dans l'erreur que dans la vérité. L'ignorance, elle, ne requiert aucun entendement. La différence entre l'erreur et la vérité ne réside pas dans le fait que l'entendement serait présent dans la vérité, et absent dans l'erreur, mais dans le fait que l'entendement | est **22** employé autrement dans l'erreur que dans la vérité. Il ne peut y avoir vérité ou fausseté que lorsque nous jugeons. La vérité est l'accord de la connaissance avec les lois de l'entendement et de la raison. L'erreur est un conflit de la connaissance avec les lois de l'entendement et de la raison. Comment est-ce possible? On ne peut certes pas agir avec l'entendement contre l'entendement. – Si l'entendement agissait seul, il ne se tromperait pas. Si la sensibilité agissait seule, nous ne nous tromperions pas non plus, puisqu'elle ne forme aucun jugement. – L'erreur provient du mélange de la sensibilité et de l'entendement. Elle se trouve pour ainsi dire sur leur diagonale. Il ne faut pas chercher la source de l'erreur uniquement dans la sensibilité, car les sens ne donnent que la matière à penser. Seul l'entendement est le pouvoir de penser. Pour trouver les sources de

Veranlassungen sind, welche den Verstand von seinen Gesetzen abgelenkt haben.

Bei jedem Irrtum ist eine Illusion des Verstandes. – Wir müssen eine Anleitung zum Urteilen haben, sonst würden wir bloß mechanisch oder von ungefähr urteilen. Diese Anleitung gibt uns nur eine Präsumtion, ist ein vorläufiges Urteil welches vor allen bestimmenden Urteilen vorhergeht. Es bedarf noch einer Beurteilung. Wenn man das, was eine Präsumtion ist, für ein bestimmendes Urteil hält, so entsteht daraus eine Illusion, ein Irrtum.

Um sich vor dem Irrtum zu bewahren, muss man 1) den Einfluss der Sinne auf den Verstand aufsuchen, 2) unseren Verstand von der Sinnlichkeit isolieren.

Dasjenige in einer Erkenntnis, was vor alle Vorstellungen, die wir von der Sache haben können, gilt, das ist das Wahre darinnen. Es gehört viel dazu, sich z. B. nur den Begriff von einem Stuhl zu machen. Stuhl drückt in mir ganz etwas anderes aus, als was mir unter so viel tausend Gestalten erschienen ist.

Die Schranken und die Enge des Verstandes bringen nicht Irrtümer hervor, sondern nur weniger Erkenntnisse. Wenn der enge Verstand nur seine Schranken kennt, so wird er nicht so leicht irren.

Große Genies begehen oft mehr Fehler und Irrtümer als eingeschränkte Köpfe, wenn sie nur die Schranken ihres Verstandes immer nur vor Augen haben. – Was den richtigen Gebrauch unserer Kräfte betrifft, so kommt es da alles auf die Proportion an. Die Erweiterung des Verstandes muss mit
23 der Kenntnis der Grenzen und | Schranken des menschlichen Verstandes verbunden sein, um genau zu wissen was für ihn gehört und was für ihn nicht gehört. Es geschieht nur gar zu oft, dass wir vorwitzige Fragen aufwerfen, ohne zu untersuchen,

l'erreur, il faut rechercher dans la sensibilité ce qui a pu détourner l'entendement de ses lois [45].

Dans chaque erreur, il y a une illusion de l'entendement. – Nous devons avoir une directive pour juger, sinon nous ne jugerions que mécaniquement ou approximativement. Cette directive ne nous donne qu'une présomption, un jugement provisoire, qui précède tout jugement déterminant. Et ce jugement a encore besoin d'être apprécié. Si l'on prend cette présomption pour un jugement déterminant, il en résulte alors une illusion, une erreur.

Pour se prémunir de l'erreur, il faut 1) rechercher l'influence des sens sur l'entendement, 2) isoler notre entendement de la sensibilité.

Ce qui, dans une connaissance, vaut pour toutes les représentations que nous pouvons avoir de la chose, est ce qu'il y a de vrai en elle. Se faire, par exemple, ne serait-ce que le concept d'une chaise fait intervenir beaucoup de choses. La chaise évoque en moi quelque chose de complètement différent de ce qui m'est apparu sous des milliers de formes.

Les bornes et l'étroitesse de l'entendement ne produisent pas [en elles-mêmes] des erreurs, mais seulement moins de connaissances. Si seulement un entendement étroit connaît ses bornes, alors il ne se trompera pas si facilement.

Les grands génies commettent souvent plus de fautes et d'erreurs que les esprits bornés qui gardent les yeux rivés sur les bornes de leur entendement. – En ce qui concerne le bon usage de nos facultés, tout est affaire de proportion. L'élargissement de l'entendement doit être lié à la connaissance des limites et | des bornes de l'entendement humain, pour savoir **23** exactement ce qui en fait partie et ce qui n'en fait pas partie. Il n'arrive que trop souvent que nous soulevions des questions audacieuses sans chercher si notre entendement est capable

ob unser Verstand auch im Stande sei, sie aufzulösen. Wir sehen, dass eine Philosophie nötig ist, die die Grenzen des menschlichen Verstandes bezeichnete. Sie ist aber nur dadurch möglich, dass wir die Natur des Verstandes fleißig studieren. Die Schranken des Verstandes zu bemerken, ist bis jetzt noch sehr vernachlässiget worden.

Es gibt eine Menge von Irrtümern, die daraus entstehen, dass wir nicht auf das Verfahren des Verstandes Acht haben, weswegen sich oft die Sinnlichkeit vermischt. Die Selbsterkenntnis ist am schwersten, weil hier der Verstand über sein eigen Verfahren selbst urteilen soll. Sie unterbleibt auch deswegen so sehr und man gibt zu wenig Anweisung dazu. Vieles halten wir für ein Produkt des Verstandes, wozu wir durch Witz, Sinnlichkeit, Neigungen etc. etc. geleitet werden. Die Misskenntnis der Schranken des Verstandes ist dasjenige, was die Irrtümer hervorbringt. Alle unsere Urteile müssen etwas Wahres enthalten, denn sie entspringen zum Teil aus den Gesetzen des Verstandes und werden nur zum Teil von der Sinnlichkeit geleitet. Ein totaler Irrtum ist unmöglich. Z. B. einer sagt, es ist kein Gott. Wenn dieser Satz aus seinem Verstand entsprungen ist, so ist in dem Satz, nach der Art wie er sich ihn denkt, eine partiale Wahrheit, z. B. wenn er so denkt: ist ein oberster Regierer, so muss alles in der Welt so zugehen, dass das Gute belohnt und das Böse bestraft werde. Nun sieht er das nicht und schließt daher, dass kein Gott sei. Etwas Wahres ist also in seinem Urteil. Wir müssen ihm zugeben, dass das Gute nicht immer belohnt und das Böse nicht immer bestraft werde. Man muss nicht sogleich einen Irrtum widerlegen wollen, sondern zuerst den Schein in dem Urteil zu entdecken suchen. Dann wird es uns begreiflich werden, wie es möglich gewesen ist, dass wir das vorläufige

de les résoudre. Nous voyons qu'une philosophie qui désigne les limites de l'entendement humain est nécessaire. Mais elle n'est possible que si nous étudions avec application la nature de l'entendement. Se rendre compte des bornes de l'entendement a été jusqu'à présent chose très négligée [46].

Un grand nombre d'erreurs résulte de ce que nous ne faisons pas attention au procédé de l'entendement, de sorte que la sensibilité s'y mêle souvent. La connaissance de soi est ce qu'il y a de plus difficile, parce qu'alors l'entendement doit juger lui-même de son propre procédé. C'est la raison pour laquelle cela ne se produit pas très souvent, et que peu de directives en sont connues. Nous tenons beaucoup de choses comme produites par l'entendement, alors que nous y sommes entraînés par l'ingéniosité, la sensibilité, les penchants, etc. [47]. La méconnaissance des bornes de l'entendement est précisément ce qui est à l'origine des erreurs. Tous nos jugements doivent contenir quelque chose de vrai, car ils résultent en partie des lois de l'entendement et ne sont dirigés qu'en partie par la sensibilité. Une erreur complète est impossible. Par exemple, quelqu'un dit que Dieu n'existe pas. Si cette proposition provient de son entendement, alors cette proposition telle qu'il la pense contient une vérité partielle; par exemple s'il pense que : « S'il y a un souverain suprême, alors tout dans le monde doit arriver de telle sorte que le bien soit récompensé et le mal châtié ». Et comme ce n'est pas ce qu'il voit, il en conclut que Dieu n'existe pas. Il y a bien quelque chose de vrai dans son jugement : nous devons lui accorder que le bien n'est pas toujours récompensé, et que le mal n'est pas toujours châtié. Il ne faut pas vouloir immédiatement contredire une erreur, mais d'abord chercher à découvrir l'apparence qui est dans le jugement. Nous comprendrons alors comment il a été possible que nous ayons pu prendre un jugement provisoire

Urteil (die Anleitung zum Urteil, die Präsumtion) für was
Wahres halten könnten. Es wird uns begreiflich, wie wir mit
dem Verstand irren können, da man im Gegenteil einen stutzig
macht, wenn man ohne alle vorläufige Untersuchung sein
Urteil für falsch erklärt. Wenn man einem die Möglichkeit
des Irrtums entdeckt, so heilt man ihn auch davon. Wir gehen
unzufrieden von einem Taschenspieler und zwar deswegen,
weil wir wissen, dass wir hintergangen sind, nur nicht
wissen wie.

24 | Aller Irrtum liegt 1) entweder in Axiomen, Lehrsätzen
oder 2) in deren Anwendung. Wenn die Grundsätze falsch
sind, so ist der Irrtum gar nicht zu evitieren in Ansehung der
Folgen. Nach Verschiedenheit der Regeln sind die Irrtümer
auch von verschiedenen Folgen. Ein Fehler in der logischen
Regel ist größer als der in der ästhetischen. Ein Fehler in
Ansehung eines moralischen Gesetzes ist noch größer als in
einer logischen Regel. Ein Fehler in Anwendung der Regeln
heißt nur ein Versehen. Der Mangel der Urteilskraft ist der
Grund der Irrtümer in der Anwendung. Der Mangel des
Verstandes ist der Grund der Irrtümer in den Axiomen. Bei
dem besten Verstand und Urteilskraft, kann man doch
Versehen begehen. Manche sind bei der Ausübung der Regel
im einzelnen Fall sehr geneigt dazu. Irrtum ist die Verwech-
selung der objektiven mit den subjektiven Bedingungen des
Urteils. Z. B. wenn der Gelbsüchtige alles gelb sieht. Oder
wenn jemand sagt, dass, weil er etwas nicht begreifen kann,
es auch unmöglich ist. Die subjektive Bedingung ist seine
eingeschränkte Fähigkeit. Der Gegenstand mag an sich nicht
sehr schwer zu begreifen sein.

(la directive pour juger, la présomption) pour quelque chose de vrai. Nous comprendrons comment nous pouvons nous tromper en usant de l'entendement, et comment on aggrave les choses au contraire si l'on déclare le jugement faux sans aucune recherche préalable. Si l'on montre à quelqu'un la possibilité de l'erreur, on l'en préserve du même coup. Nous sommes insatisfaits quand nous quittons un faiseur de passe-passe, précisément parce que nous savons que nous avons été dupés, mais nous ne savons pas comment.

| Toute erreur repose 1) soit dans les axiomes et postulats, **24** 2) soit dans leur application. Si les principes sont faux, il est impossible d'éviter l'erreur dans les conséquences. Et comme les règles sont de diverses sortes, les erreurs auront également des conséquences diverses. Une faute dans une règle logique est plus importante que dans une règle esthétique. Une faute concernant une loi morale est plus importante encore que dans une règle logique. Une faute dans l'application des règles s'appelle une négligence. Les erreurs dans l'application sont dues à un défaut de la faculté de juger. Les erreurs dans les axiomes sont dues à un défaut d'entendement. Avec le meilleur entendement et la meilleure faculté de juger, on peut quand même commettre des négligences. Certains ont une forte tendance à être négligents dans l'application d'une règle à un cas particulier. L'erreur est la confusion entre les conditions objectives et subjectives du jugement. Comme lorsque celui qui a la jaunisse voit du jaune partout. Ou lorsque quelqu'un dit que, puisqu'il ne peut comprendre quelque chose, c'est qu'elle est impossible. La condition subjective est la limite de sa capacité (à comprendre). Il se peut que l'objet en lui-même ne soit pas très difficile à comprendre.

Von den Vorurteilen

Wir haben von den vorläufigen Urteilen geredet. Es ist wunderbar, wie einem jeden bestimmenden Urteil ein vorläufiges vorhergeht. Wenn wir lesen, so buchstabieren wir zuerst. Und so handeln wir überall. Niemals urteilen wir sogleich bestimmend, denn dazu gehört ein vollständiger Begriff von dem Gegenstand wie er ist. Diesen aber haben wir nicht bei dem ersten Anblick. Ehe wir den erlangen, müssen wir zuerst den Gegenstand aus allen Gesichtspunkten betrachten und dasjenige aussuchen, was für alle Erscheinungen passt. Ich sehe ein Haus von einer Seite. Hier habe ich noch keine Vorstellung vom ganzen Hause, sondern wie es mir von dieser einen Seite erscheint. Ich muss es von allen Seiten betrachten, und denn entspringt in mir eine Idee vom Hause, die ganz verschieden ist von den gehabten Erscheinungen. – Vorläufige Urteile gehören zu allen unseren Erkenntnissen und sie geschehen auch beständig. Wenn man sie aber für wahre Gründe eines bestimmenden Urteils hält, so entsteht daraus eine Illusion und das ist der Irrtum.

    Vorläufige Urteile sind beständig. Von einem Buch urteilt man vorläufig, dass es gut sei, wenn es etwa von einem 25 gelehrten Mann | geschrieben, oder auch nur die erste Seite gut gewesen ist. Sie sind Anleitungen zu bestimmten Urteilen und man könnte eine Logik von den vorläufigen Urteilen schreiben, z. B. wo man ihnen trauen, und wo man ihnen nicht trauen könne. Denn viele sind so beschaffen, dass man sich auf sie mit vieler Gewissheit verlassen kann. Diese entstehen aus den Gesetzen der Vernunft. Die Vorurteile aber sind allgemeine Gründe bestimmter Urteile, so fern sie nicht nach

DES PRÉJUGÉS

Nous avons parlé des jugements provisoires. Il est merveilleux de voir comment un jugement provisoire précède chaque jugement déterminant. Quand nous lisons, nous reconnaissons d'abord les lettres. Et c'est ainsi que nous agissons en toute circonstance. Nous ne jugeons jamais immédiatement de manière déterminante, car il faut pour cela un concept complet de l'objet tel qu'il est. Mais nous n'obtenons pas ce concept au premier coup d'œil. Avant d'y parvenir, il nous faut d'abord considérer l'objet sous tous les points de vue, et rechercher ce qui s'accorde à tous les phénomènes. Je vois une maison sur un côté. Je n'ai là encore aucune représentation de la maison dans son ensemble, mais seulement de la manière dont elle m'apparaît de ce côté. Je dois la considérer de tous les côtés, et j'obtiens alors en moi une idée de la maison qui est complètement différente des différents phénomènes reçus[48]. – Il y a des jugements provisoires dans toutes nos connaissances, et ils se produisent en permanence. Mais si on les prend pour les véritables raisons d'un jugement déterminant, il en résulte une illusion, et telle est l'erreur.

On use en permanence de jugements provisoires. On juge provisoirement qu'un livre est bon s'il a été écrit par quelque homme savant, | ou parfois seulement si la première page est 25 bonne. Les jugements provisoires sont des directives pour des jugements déterminés, et l'on pourrait écrire une logique des jugements provisoires, [qui exposerait] par exemple quand s'y fier, et quand s'en méfier. Car beaucoup sont d'une telle nature que l'on peut s'y fier avec beaucoup de certitude. Ce sont ceux qui proviennent des lois de la raison. Mais les préjugés sont des raisons générales des jugements déterminés qui ne sont pas

Gesetzen der Vernunft gefällt sind; denn wir haben noch mehr Kräfte in uns, z. B. die Sinnlichkeit.

Sie sind also nicht einzelne Begriffe sondern allgemeine Gründe, z. B. von dem kann man nicht sagen, dass er ein Vorurteil habe, wenn er jemanden für keinen ehrlichen Mann hält, sondern als denn ist es ein Vorurteil, wenn er an der Ehrlichkeit einer gewissen Gattung von Menschen zweifelt.

Wenn etwas nicht aus objektiven sondern aus subjektiven Gründen, nicht aus Gründen des Verstandes und der Vernunft, sondern der Sinnlichkeit etc. entsprungen ist, und doch für etwas als aus Gesetzen des Verstandes Entsprungenes gehalten wird, denn ist es ein Vorurteil. Die Sinnlichkeit etc. leiten den Verstand zum Urteil. Man muss dies aber nicht für etwas aus dem Verstand Entsprungenes halten, sonst ist's ein Vorurteil.

Was bei einem prävaliert danach beurteilt er alles. Ist er geneigt alles aus den Gesetzen der Vernunft herzuleiten, so trifft man dies in allen seinem Verfahren und Urteilen an. Ein anderer im Gegenteil, der den Hang hat, alles aus dem unmittelbaren Willen Gottes herzuleiten, sieht überall Wunder. Es ist schon alles bei der ersten Untersuchung in ihm dezidiert, ehe er es sich noch gesagt hat. Denn er hat schon einen Hang dazu, sein Urteil so zu lenken.

Leute, die schon eine Lenkung des Verstandes haben, nicht durch Gründe des Verstandes, sondern durch Gründe der Sinnlichkeit, überreden sich doch so fest davon, es sei aus Gründen des Verstandes entsprungen, dass sie davon gar nicht abzubringen sind.

Alle Menschen haben Vorurteile, nur von verschiedener Art. Der allein ist davon frei, dem es leicht wird, die Sache aus einem ganz andern Gesichtspunkt zu betrachten.

forgées selon les lois de la raison : nous avons en effet d'autres facultés en nous, par exemple la sensibilité[49].

Ce ne sont donc pas des concepts singuliers mais des raisons générales. Ainsi, on ne peut pas dire de quelqu'un qu'il a un préjugé s'il considère quelqu'un d'autre comme malhonnête, mais cela devient un préjugé dès qu'il doute de l'honnêteté d'une certaine espèce d'hommes [en général].

Si quelque chose ne provient pas de raisons objectives mais subjectives, non des raisons de l'entendement et de la raison mais des raisons de la sensibilité, etc. et qu'on le tient cependant comme provenant des lois de l'entendement, alors c'est un préjugé. [Dans ce cas] la sensibilité, etc. dirige l'entendement dans le jugement. Mais il ne faut pas tenir ce jugement comme provenant de l'entendement, sinon cela devient un préjugé.

Chacun juge de tout selon ce qui prévaut pour lui. Que l'un soit incliné à tout déduire des lois de la raison, et l'on retrouve cela dans tous ses procédés et dans tous ses jugements. Un autre au contraire, qui a tendance à tout déduire de la volonté immédiate de Dieu, voit des miracles partout. Avant même de commencer, tout est déjà décidé en lui sans même qu'il ne s'en rende compte, parce qu'il a déjà cette tendance à incliner son jugement de cette manière.

Les personnes dont l'entendement est déjà incliné par les raisons de la sensibilité et non par les raisons de l'entendement, se persuadent tellement elles-mêmes que cela provient des raisons de l'entendement, que l'on ne peut absolument pas leur enlever l'idée de la tête.

Tous les hommes ont des préjugés, mais de différentes sortes. Seul est libre de préjugés celui pour qui il est facile de considérer une chose sous un point de vue totalement différent.

Der Grund, den wir haben von einer Sache vorher zu urteilen, der aber nicht aus Gesetzen des Verstandes entstanden ist, heißt ein Vorurteil. Ein Mensch, der viel Erfahrung hat und urteilt vorläufig von etwas, der kann vorher urteilen und 26 zwar richtig, allein | derjenige der noch gar nicht darüber vorher geurteilt hat und urteilt doch jetz, vor, der hat ein Vorurteil.

Zu vielem sind wir schon vorher bestimmt. Die Alten lieben alles Alte, alte Gewohnheiten etc. Die Sprachen die man gelernt [hat], lobt man vorzüglich. Die Eltern haben eine Vorliebe zu ihren Kindern, einen Fürsprecher in sich für sie.

Man hat ein Vorurteil der langen Gewohnheit. Es gehört viel Zeit und eine lange Gewohnheit dazu, ehe etwas für wahr angenommen wird. In dem Newtonschen System ist von Anfang bis dahin da es allgemein angenommen wurde, nichts geändert und nichts hinzugekommen als die Länge der Zeit. Ein Autor genießt selten seinen Ruhm vor seinem Tod, und Terrasson sagt, dass Leute, die in einem Zeitalter für heterodoxe gehalten sind, in einem anderen orthodoxe werden.

Gelehrte haben mehr Irrtümer als gemeine Leute, diese aber mehr Vorurteile als die ersteren. Haben Vorurteile einen Nutzen? Diese Frage scheint schon an sich selbst sonderbar zu sein. Nützlich an sich selbst und nützlich als ein Mittel ist sehr verschieden. Ein einfältiger Soldat, eine rechte Maschine, ist dem Offizier sehr nützlich. Die Dummheit eines Menschen ist dem, der ihn zum Besten haben will, sehr nützlich. Und Könige verlangen oft stupide Menschen.

Viele Menschen verlangen Despoten in einer Sache zu sein und suchen daher die Kräfte und Fähigkeiten in anderen zu unterdrücken. Freilich wenn man den Menschen bind', so

La raison qui fait que nous jugeons à l'avance d'une chose, lorsque cette raison ne provient pas des lois de l'entendement, est un préjugé. Un homme qui a beaucoup d'expérience et qui juge provisoirement de quelque chose, peut bien juger à l'avance et même correctement, mais | celui qui n'a aupara- **26** vant jamais porté de jugement à ce sujet, et qui juge cependant en avance, celui-ci a un préjugé [50].

Nous sommes déterminés [à préférer] à l'avance beaucoup de choses. Les anciens aiment tout ce qui est ancien, les anciennes habitudes, etc.; on apprécie particulièrement les langues que l'on a apprises; les parents ont une préférence pour leurs enfants, et sont toujours prêts à intervenir en leur faveur.

Un préjugé peut naître d'une longue habitude. Il faut beaucoup de temps et une longue habitude avant que quelque chose ne soit reçu comme vrai. Entre son début et le moment où il a été universellement admis, le système newtonien n'a pas du tout été modifié, et il n'a fallu que du temps pour qu'il soit admis [51]. Un auteur profite rarement de sa renommée de son vivant, et Terrasson dit que des gens qui sont tenus pour hétérodoxes à une époque deviennent orthodoxes à une autre époque [52].

Les savants font plus d'erreurs que les gens communs, mais ceux-ci ont plus de préjugés que ceux-là. Les préjugés sont-ils utiles? Cette question semble en elle-même déjà étrange. Être utile en soi-même, et être utile à quelque chose, sont des choses très différentes. Un soldat simple, ou des engins adéquats, sont très utiles à l'officier. La bêtise d'un homme est très utile à celui qui veut en profiter. Et les rois réclament souvent des hommes stupides [53].

Beaucoup d'hommes désirent être despotes en une chose, et cherchent ainsi à réprimer les facultés et les capacités des autres. Et en effet, si on attache un homme, il ne

läuft er nicht davon; schneidet man ihm die Zunge aus, so wird er nicht schreien, und nimmt man ihm den Verstand, so ist er leicht zu regieren. Ist das aber wohl an sich erlaubt? Herr von Moser ist von Vorurteilen sehr eingenommen. Die Vorurteile können oft etwas Gutes schaffen, das ist wahr, es ist aber damit eben so beschaffen, als wenn man etwas Böses tut, damit etwas Gutes daraus entspringt. Es ist an sich strafbar, wenn man Vorurteile in anderen pflanzt. Es ist eine Lüge, die man an anderen begeht.

Spezifikation der Vorurteile:

1) Vorurteile des Ansehens. Diese haben keinen Anteil an langer Gewohnheit. – Wenn ein Gelehrter Mann etwas schreibt, so haben wir das Vorurteil, dass es gut sei, wenngleich es nichts taugt. Große Genies haben mehr Schaden angerichtet als kleinere. In der ersten Zeit haben ihre Schriften viel Nutzen geschaffen, vieles Dunkle erklärt, aber sie machen auch, dass man sehr lange Zeit nicht von der Stelle weiter

27 gehen kann. Aristoteles hat vieles aufgeklärt, allein wie | lange hat man ihn nicht mit Erstaunen betrachtet und wagte nicht weiter zu gehen.

Wird wohl diese Art zu verfahren bei den Menschen immer bleiben? Wahrscheinlich ja. Es scheint kaum, dass das menschliche Geschlecht anders werden wird. Die Genies bringen die Menschen von der Bewunderung anderer ab und machen sie zu ihren eigenen Idolen und Verehrern.

Das Vorurteil des Ansehens ist zweifach 1. des Ansehens der Menge, 2. der Würde.

Wir haben einen Hang, der Menge zu folgen, die Vorsicht scheint uns darum so gemacht zu haben, damit wir gemeinnützig werden und an dem Interesse des Ganzen Anteil nehmen möchten. Durch die Menge wird auch oft was Wahres entschieden, denn es ist nicht wahrscheinlich,

s'échappe pas ; si on lui coupe la langue, il ne criera pas ; et si on lui retire l'entendement, il est facile à gouverner. Mais est-ce en soi-même bien permis ? Monsieur de Moser est rempli de préjugés[54]. Il est vrai que les préjugés peuvent souvent produire quelque chose de bien, mais il en est alors comme de quelqu'un qui fait du mal pour faire advenir du bien[55]. Il est en soi-même condamnable de répandre des préjugés chez autrui. C'est un mensonge que l'on commet à l'égard d'autrui.

Classification des préjugés :

1) Préjugés de l'autorité. Ceux-ci ne relèvent pas d'une longue habitude. – Lorsqu'un homme instruit écrit quelque chose, nous préjugeons que cela doit être bon, même si cela ne vaut rien. De grands génies ont eu des effets plus nuisibles que des génies moins imposants. Dans un premiers temps, leurs écrits sont d'une grande utilité, et éclaircissent beaucoup d'obscurités, mais ils font aussi que, pendant très longtemps, on ne peut plus s'en écarter. Aristote a expliqué beaucoup de choses, mais | pendant combien de temps l'a-t-on considéré **27** sans s'étonner ni sans oser aller plus loin ?

Cela se passera-t-il toujours de cette manière chez l'homme ? Vraisemblablement, oui. Il ne semble pas que l'espèce humaine doive changer : les génies détournent les hommes de l'admiration que ces derniers avaient pour d'autres, et en font leurs propres idoles et admirateurs.

Les préjugés de l'autorité sont de deux sortes : 1) l'autorité du nombre, 2) de la dignité.

Nous avons tendance à suivre le grand nombre ; la providence semble ainsi nous avoir faits de telle sorte que nous ayons une utilité publique, et que nous désirions prendre part à l'intérêt général[56]. Le nombre décide aussi souvent du vrai, puisqu'il n'est pas vraisemblable que tant de monde puisse

dass so viele auf einerlei Art urteilen werden, denn ein jeder sieht die Sache aus einem andern Gesichtspunkte an. Der wahre Richterstuhl unserer Vernunft ist der allgemeine menschliche Verstand. Der ist ein Egoist, der nicht nach dem allgemeinen Urteil fragt. Es ist dies aber nur eine bloße Heuchelei. Es wird ihm gewiss auch das Urteil, was der geringste über ihn fällt, nicht gleichgültig sein.

Ein jeder Mensch hat einen Hang sein Urteil und seine Meinungen andern bekannt zu machen, und das ist keinem zu verdenken. Die Störung darin wäre ein Eingriff in die menschlichen Rechte.

Die Methode, die Erkenntnisse vorzutragen, ist 1) dogmatisch, 2) skeptisch.

Dogmatische Erkenntnisse sind allgemeine (oder Vernunft-) Erkenntnisse, die apodiktisch gewiss sind. Erfahrungserkenntnisse sind auch apodiktisch gewiss, aber es sind keine Vernunft Erkenntnisse. (Apodiktisch gewiss heißt eigentlich a priori gewiss.) Die mathematischen Erkenntnisse sind auch keine dogmata, denn sie sind nicht aus Begriffen entsprungen, sondern aus der Konstruktion. Konstruieren heißt a priori anschauend machen.

Der dogmatischen Methode kann man sich in der Philosophie bedienen, wenn die Erkenntnisse apodiktisch gewiss sind. Wenn man sie aber benützt, obgleich nicht apodiktische Gewissheit darinnen ist, so verursacht sie viel Nachteil. Es gibt also 1) eine Methode der Behauptung und 2) der Untersuchung, dies ist die skeptische Methode, wo man erst untersucht, ob etwas apodiktisch gewiss sei. Die skeptische
28 Methode ist die Methode des Widerstreits, | wodurch wir die Wahrheit zu finden suchen. Wenn jemand z. B. etwas behauptet, so behauptet man das Gegenteil und untersucht, ob es vielleicht nicht wahr sei.

juger d'une même manière, vu que chacun considère la chose de son propre point de vue[57]. Le véritable tribunal de notre raison est l'entendement universel de l'homme. Celui qui ne s'enquiert pas d'un jugement universel, est un égoïste; mais s'enquérir d'un jugement universel n'est aussi que pure hypocrisie, car il est bien clair que la moindre remarque faite à son égard ne lui sera pas indifférente.

Chaque homme a tendance à faire connaître aux autres ses préjugés et ses opinions, et on ne peut en tenir rigueur à personne. S'y opposer serait porter atteinte aux droits humains[58].

La *méthode* d'exposition des connaissances est 1) dogmatique, 2) sceptique.

Les connaissances dogmatiques sont des connaissances universelles (ou rationnelles), qui sont apodictiquement certaines. Les connaissances d'expérience sont aussi apodictiquement certaines, mais ce ne sont pas des connaissances de la raison. (Être apodictiquement certain veut dire précisément être certain *a priori*). Les connaissances mathématiques ne sont pas des propositions dogmatiques (*dogmata*), parce qu'elles ne proviennent pas des concepts, mais d'une construction. Construire veut dire montrer dans l'intuition *a priori*.

On peut se servir en philosophie de la méthode dogmatique si les connaissances sont apodictiquement certaines. Mais si on l'utilise lorsqu'il n'y a aucune certitude *a priori*, cela occasionne de nombreux préjudices. Il y a ainsi 1) la méthode de l'affirmation et 2) la méthode de la recherche, qui est la méthode sceptique, où l'on cherche d'abord si quelque chose est apodictiquement certain. La méthode sceptique est la méthode de la contradiction, | au moyen de laquelle nous **28** cherchons à découvrir la vérité. Par exemple, si quelqu'un affirme quelque chose, on affirme alors le contraire et l'on cherche si cela ne pourrait pas être vrai.

3) Ist die skeptische Methode philosophisch. In manchen Fällen ist sie übel angebracht, z. B. in der Physik, Moral und Mathematik. Allein in spekulativen Wissenschaften hat sie viel Nutzen. In der Metaphysik, wo unsere Vernunft über die Bestimmung der Menschheit über die Grenzen der Welt und der Erfahrung geht, wo wir durch gar nichts geleitet werden, da ist die skeptische Methode gut angebracht.

Die dogmatische Methode ist die Methode der Behauptung, sie findet aber nur bei solchen Erkenntnissen statt, die apodiktisch gewiss sind. Weiter als die Natur Anleitung gibt, zu denken, hat uns die Vorsicht vielleicht nicht Verstand genug gegeben, [um] zu apodiktischer Gewissheit darin zu gelangen.

Es gibt einen Teil der Erkenntnisse, die einen großen Schein der Wahrheit haben und daher für dogmatisch gehalten werden. Allein die Alten haben schon eingesehen, dass hier eine skeptische Methode Zweck ist: die Kritik. Wir können in diesen Erkenntnissen keine Gewissheit erlangen, wenn wir ihnen nicht Widersprüche vorlegen. Die skeptische Methode ist also in spekulativen Erkenntnissen sehr notwendig. Sie ist aber von der skeptischen Philosophie [zu] unterscheiden.

VOM LERNEN UND DENKEN

Man lernt denken:

1) durch die Unterweisung der Lehrer,

2) durch das Bücher Lesen.

Zur Bildung und Unterhaltung sind verschiedene Bücher vorhanden als Montaigne, der englische Zuschauer, Wochenschriften, Poeten etc. Es gibt ferner Bücher zur bloßen Unterhaltung, Curiosité, um sich zu zerstreuen, z. B.

3) La méthode sceptique est-elle philosophique ? Elle est mal employée en bien des cas, par exemple : en physique, en morale, en mathématique. Elle n'est vraiment très utile que dans les sciences spéculatives. C'est en métaphysique, où la raison dépasse la destination de l'homme et dépasse les limites du monde et de l'expérience, où rien ne nous guide, que la méthode sceptique est bien employée [59].

La méthode dogmatique est la méthode de l'affirmation, mais elle n'a lieu que pour les connaissances qui sont apodictiquement certaines. Loin que la nature nous ait donné un guide pour penser, la providence ne nous a peut-être pas donné assez d'entendement pour parvenir à une certitude apodictique de la nature.

Il y a des connaissances qui ont une grande apparence de vérité, et qui sont ainsi tenues pour dogmatiques. Cependant, les Anciens ont déjà vu qu'une méthode sceptique est ici d'usage : la critique. Nous ne pouvons parvenir à aucune certitude dans ces connaissances sans les soumettre à la contradiction. La méthode sceptique est ainsi très utile dans les connaissances spéculatives. Il faut la distinguer de la philosophie sceptique [60].

APPRENDRE ET PENSER

On apprend à penser
1) par l'enseignement du professeur,
2) en lisant des livres.

Pour la formation et le divertissement, différents ouvrages sont à disposition, comme Montaigne, le *Spectateur* anglais, les hebdomadaires, les poètes, etc. Il y a aussi des livres qui ne servent qu'à divertir, attiser la curiosité ou distraire : par

alte Geschichten obgleich sie nicht wahr sind etc. Die Bücher
der Belehrung muss man behalten, man muss wissen,
dass man sie gelesen hat. Dahin gehören historische,
philosophische Bücher.

Man muss bei jedem Buch die Idee des Autors zu
entdecken suchen. Das ist etwas Wichtiges und Schweres. Oft
hat der Autor seine eigene Idee selbst nicht gewusst, und sie
alsdann zu finden, ist umso schwerer.

29 | Was mit Genie geschrieben ist, ist unserer
Aufmerksamkeit viel werter als das Nachgeahmte. Es mag ein
Mann von Genie noch so paradox und falsch schreiben,
so lernt man doch immer etwas von ihm. – Was mit Genie
geschrieben ist, dem muss man nachdenken.

Viele Sachen sind so beschaffen, dass sie eben nicht ein
fleißiges sondern ein lang anhaltendes Nachdenken erfordern.
Man muss sie immer aus einem andern Gesichtspunkt
betrachten und zu ganz verschiedenen Zeiten lesen.

Ohne Mechanismus scheint in der Welt nichts recht
fortkommen zu wollen. In allen unsern Erkenntnissen muss
immer etwas daran sein. Eine gewisse Richtschnur ist beständig nötig. Beim Malen liegt das mechanische zu Grunde.
Zuerst muss man nach Regeln zeichnen lernen, ehe man nach
seiner Phantasie etwas entwirft, und auch hier muss man
immer die Regeln vor Augen haben. – Beim Mechanismus ist
auch sehr viel daran gelegen, wie etwas auf einander folgt.
Nach der einmal gelernten Methode erinnert man sich dessen
am leichtesten. Es ist besonders, dass unser Gemüt durch neue
Beschäftigungen sich erholt. Man kann nie ein Buch allein mit
Aufmerksamkeit lesen, sondern man muss ein anderes von
ganz verschiedenem Inhalt bei der Hand haben. Die Gesellschaft ist auch eine Erholung fürs Gemüt, denn sie ist
gleichfalls eine Beschäftigung.

exemple, les histoires anciennes, même si elles sont fausses, etc. Il faut conserver les livres qui instruisent, et il faut savoir qu'on les a lus : en font partie les livres d'histoire et de philosophie.

Dans tout livre, il faut chercher à découvrir l'idée de son auteur. C'est à la fois important et difficile. Souvent l'auteur n'a pas su lui-même quelle était sa propre idée, et il est alors d'autant plus difficile de la trouver.

| Ce qui est écrit avec génie est beaucoup plus digne de **29** notre attention que ce qui est imité. Un homme de génie peut bien écrire de manière paradoxe ou fausse, on apprend cependant toujours quelque chose de lui. – Ce qui est écrit avec génie, il faut le méditer.

Beaucoup de choses sont de telle nature qu'elles n'exigent pas seulement une réflexion appliquée, mais une réflexion poursuivie et reprise. Il faut toujours les considérer sous un nouvel angle, et les lire à des moments très différents.

Rien ne semble pouvoir se produire dans le monde sans un certain mécanisme. Il doit donc bien y avoir quelque mécanisme dans toutes nos connaissances. Un certain fil directeur est en permanence nécessaire. Le mécanique est au fondement même de la peinture : il faut d'abord apprendre à dessiner selon des règles avant d'esquisser quelque chose selon son imagination – et, là encore, il faut garder les règles sous les yeux. Ce qui est important dans ce mécanisme est de savoir comment les choses s'enchaînent. Il est plus facile de s'en rappeler en apprenant la méthode une fois pour toutes. Il est remarquable que notre esprit se repose [précisément] en ayant de nouvelles occupations. On ne peut jamais lire avec attention un seul livre à la fois, mais il faut avoir à portée de main un autre livre dont le contenu est totalement différent. Avoir de la compagnie repose aussi l'esprit, car c'est aussi une occupation.

Unsere Unterhaltungen sollen uns auch zugleich bilden, obgleich nicht unterrichten. Sind Romane gut dazu? Nein, besonders die, [die] das Herz welk machen. Sie erwecken alle insgesamt Leidenschaften. Die mit Laune geschriebene sind gut, und Reisebeschreibungen am besten zur Unterhaltung und Bildung. – Es ist schädlich wenn man liest zur Unterhaltung für die Augenblicke in denen man liest. Denn es wird zur Gewohnheit, dass man nie suchen wird zu behalten, was man liest. Man muss bei jedem lesen geizen, und soviel möglich zu behalten suchen, wenn es auch nur ein lustiger Einfall etc. wäre, das kann uns auch nutzen, und eine Gesellschaft aufgeräumt machen. Behält man aber nur Histörchens aus den Romanen, so ist das von gar keinem Nutzen, denn ein jeder kann ein gleiches erdenken und träumen. Allein Romane wo man Sentiments findet, und Komödien von Shakespeares Art, wo der Verfasser verborgene Winkel im Menschen entdeckt, Charaktere schildert etc., sind nützlich.

Man muss das Charakteristische eines Buches kennen lernen, d.h. nicht den bloßen Inhalt, sondern das Eigentümliche, was es vor andern Büchern besonders hat. Die

30 Deutschen haben beinahe keinen | eigentümlichen Charakter, weil sie gar zu viel von der Schulmethode an sich behalten, und zu sehr nachahmen. Das Genie kann sich nicht den Regeln unterwerfen, denn sie sind aus dem Genie geschöpft, sondern sie dienen ihm nur zur Anleitung. Beim Genie findet man den eigentümlichen Charakter. – Das Charakteristische zu bemerken schärft das Nachdenken sehr.

Wenn die Literatur oder viel Bücher zu kennen, unsere Absicht ist, so muss man viel lesen. Allein um vielen Nutzen vom Lesen zu haben, muss man wenig und gut lesen. Wer viel liest behält wenig. Die große Menge Bücher, die alle Messe herauskommt, ist ein großer Verderb. Der Geschmack viel und

Nos divertissements doivent en même temps nous former, mais non nous instruire. Les romans sont-ils bons à cela ? Non, en particulier pas ceux qui alanguissent le cœur, car ils éveillent toutes les passions ensemble. Ceux qui sont écrits avec humeur sont bons pour divertir et former, mais les meilleurs à cela sont les récits de voyage. – Il n'est pas bon de lire [uniquement] pour se divertir au moment de la lecture, car l'habitude viendra de ne plus chercher à retenir ce qu'on lit. Dans toute lecture, il faut être cupide et chercher à en retenir le plus possible, même si ce n'est qu'un amusant trait d'esprit, car cela peut encore être utile et dérider notre compagnie. Mais ne retenir d'un roman que son histoire n'est d'aucune utilité puisque chacun peut rêver et s'inventer la même chose. Seuls les romans où l'on trouve des sentiments[61] et les comédies dans le style de Shakespeare – où l'auteur dévoile des recoins cachés de l'homme, brosse des caractères, etc. – sont utiles.

Il faut apprendre à reconnaître ce qu'il y a de caractéristique dans un livre, c'est-à-dire non pas le simple contenu, mais ce qu'il a de particulièrement propre par rapport aux autres livres. Les Allemands n'ont presque aucun | carac- **30** tère propre, parce qu'il s'en tiennent bien trop à suivre et à imiter la méthode de l'école. Le génie ne peut se soumettre à aucune règle, parce que les règles proviennent du génie, et ne lui servent que de directive. C'est dans le génie que le caractère propre se trouve. – Remarquer ce qu'il y a de caractéristique aiguise beaucoup la réflexion.

Si notre intention est de connaître la littérature ou de nombreux livres, alors il faut beaucoup lire. Mais pour que la lecture soit très utile, il faut lire peu mais bien. Qui lit beaucoup retient peu. Le quantité de livres qui paraissent à chaque foire est un grand poison. Ce goût de lire beaucoup mais en diago-

obenhin zu lesen wird allgemein. Manches Buch, welches viel Revolution anrichten könnte, wird nicht verstanden oder nicht gelesen.

Ein gutes Buch muss man oft lesen, eigentlich nicht um es zu behalten, sondern um eine gewisse Manier sich eigentümlich zu machen.

Selbst denken ist gut aber selbst lernen nicht. Ein mündlicher Vortrag, wenn er auch nicht ganz ausgearbeitet ist, hat sehr viel Instruierendes. Man hört nicht etwas vollkommen Ausgearbeitetes und Ausgedachtes, sondern man sieht die natürliche Art, wie man denkt, und das ist viel nützlicher. Wenn ich einen höre, so bemerke ich eher etwas, entweder Falsches oder Wahres. Beim Hören denkt man auch immer mehr als beim Lesen. Beim mündlichen Vortrag hat man mehr Anschauung. Das Lesen ist auch nicht so natürlich als das Hören. Durch Schriften muss freilich eine Wissenschaft vollendet werden, allein die αὐτοδίδαξις, das Selbstlernen aus einem Instrument (welches nicht selbst erfinden heißt), ist nur eine Nothilfe.

Es gibt Wissenschaften, wo die Belesenheit eher schädlich als nützlich ist, z. B. die transzendentale Philosophie. In der Mathematik ist auch nicht viel Belesenheit nötig, aber wohl in der Moral. Bei einem Geschichtsschreiber macht die Belesenheit alles aus. Anfangs muss man sich vor Büchern hüten, die Zweifel enthalten. Zweifeln und sein Urteil aufschieben, ist sehr verschieden. Zweifeln ist, wenn man Grund hat, das Gegenteil anzunehmen. Hier ist nicht darauf angelegt, unser Urteil behutsam zu machen, sondern die gründlichen Einsichten gleichgültig und verächtlich zu machen. Das macht den Verstand seicht.

Die Unterredung mit Liebhabern der Kunst kultiviert unsere Fähigkeit, deutlich und allgemein verständlich im

nale est général. Tel livre qui pourrait provoquer une grande révolution ne sera pas compris, ni même lu.

Un bon livre doit être souvent relu, non pour se le remémorer, mais pour s'en approprier un certain style.

Penser par soi-même est bien, mais non apprendre par soi-même. Un exposé oral, même s'il n'est pas parfaitement construit, est très instructif. Il ne donne pas à entendre quelque chose de parfaitement construit et pensé jusqu'au bout, mais il donne à voir la manière naturelle dont on pense, et cela est beaucoup plus utile. Quand j'écoute un exposé, mon attention se porte plutôt sur telle chose que sur telle autre, qu'elle soit vraie ou fausse. En écoutant, on pense aussi toujours plus qu'en lisant. On perçoit plus de choses dans un exposé oral. La lecture n'est pas non plus aussi naturelle que l'écoute. Bien sûr, c'est par les textes que l'apprentissage d'une science doit être achevé, mais l'autodidaxie, l'apprentissage par soi-même par quelque moyen (ce qui ne veut pas dire tout inventer soi-même) n'est qu'un pis-aller.

Il est des sciences où la connaissance des livres est plus nuisible qu'utile, par exemple dans la philosophie transcendantale[62]. En mathématique, une grande connaissance des livres n'est pas nécessaire non plus, au contraire de la morale. Pour un historien, la connaissance des livres est tout. Au départ, il faut se garder des livres qui renferment des doutes. Douter et remettre son jugement sont des choses très différentes. On doute lorsqu'on a une raison de supposer le contraire. Dans ce cas, il n'est pas question de juger avec circonspection, mais de rendre des jugements fondamentaux complètement indifférents et insignifiants, ce qui est rendre l'entendement bien superficiel.

S'entretenir avec un amateur d'art cultive notre aptitude à nous exprimer de manière claire et compréhensible

Vortrag zu sein. Es ist ein großes Verdienst mit jedermann so sprechen zu können, dass es ihn interessiert.

| GESCHICHTE DER LOGIK

So wie man eine allgemeine Grammatik der Sprachen hat, sucht man auch eine des Denkens zu erfinden, welche gewisse allgemeine Regeln des Denkens enthalten sollte. Eine allgemeine Grammatik enthält allgemeine Regeln der Sprachen, ohne auf das Besondere derselben z. B. die Wörter etc. zu sehen.

Die lateinische Grammatik schickt sich für alle Sprachen, weil sie am besten ausgearbeitet ist. – Da die Form der Sprache und die Form des Denkens einander parallel und ähnlich ist, weil wir doch in Worten denken und unsere Gedanken anderen durch die Sprache mitteilen, so gibt es auch eine Grammatik des Denkens.

Der Teil der Logik, welcher die Form des Gebrauchs des Verstandes überhaupt ist, ist der selbständige Teil, die selbständige Form des Denkens. Es mögen Erkenntnisse a priori oder a posteriori sein, so ist ihnen diese Form des Verstandes allen gemein. Diese allgemeine Logik ist die selbständige Form, der Canon und das Grundgesetz der Vernunft.

Der zweite Teil der Logik enthält den Gebrauch des Verstandes und der Vernunft überhaupt.

Die Dialektik ist die Form des Verstandes überhaupt, die Kunst beliebiger Behauptungen, die Logik des Scheins, wo wir unangesehen der Verschiedenheit der Erkenntnisse selbst, sie unter die Form des Verstandes bringen können. – Da die

par tous. C'est une grande qualité que de pouvoir intéresser n'importe qui dans une conversation.

| HISTOIRE DE LA LOGIQUE   **31**

De même qu'il y a une grammaire générale des langues, on cherche également à inventer une grammaire de la pensée, qui doive contenir certaines règles générales de la pensée. Une grammaire générale contient des règles générales des langues, sans se rapporter à ce qu'il y a de particulier en elles, par exemple les mots, etc. [63].

La grammaire latine convient à toutes les langues, car elle est la mieux construite [64]. – Puisque la forme de la langue et la forme de la pensée sont parallèles et semblables l'une à l'autre – puisque c'est bien dans les mots que nous pensons, et que nous communiquons nos pensées aux autres au moyen de la langue [65] –, il existe bien également une grammaire de la pensée.

La partie de la logique qui est la forme de l'usage de l'entendement en général est la partie autonome, la forme autonome de la pensée. Que les connaissances soient *a priori* ou *a posteriori*, cette forme de l'entendement leur est commune à toutes. Cette logique générale est la forme autonome, le canon et la loi fondamentale de la raison.

La deuxième partie de la logique contient l'usage de l'entendement et de la raison en général.

La dialectique est la forme de l'entendement en général, l'art des affirmations arbitraires, la logique de l'apparence, où l'on met des connaissances sous la forme de l'entendement indépendamment de leurs différences. – Puisque la vérité

Wahrheit der Inhalt der Erkenntnisse ist, so kann die Wahrheit dadurch nicht erkannt werden.

Die Dialektik ist die Kunst des logischen Scheins. Wenn ich einen noch so absurden Satz habe, so kann ich ihn doch in die Form des Verstandes bringen. Die Erkenntnis aber ist so beschaffen, dass ich auf den Inhalt derselben nicht sehe.

Die Dialektik war für die Sachwalter und Anwälte in den alten Zeiten für notwendig gehalten. Die Skeptiker bedienten sich ihrer gleichfalls häufig, denn sie legten es darauf an, die Menschen zur Ungewissheit zu bringen; bald dies bald das Gegenteil zu behaupten.

Die spekulativen Behauptungen hat man Dialektik genannt. Das ist auch wahr. Die metaphysischen Behauptungen sind sehr dialektisch, sie selbst aber ist keine Dialektik.

Die Dialektik bei den Alten war nicht eine Wissenschaft des Wahrscheinlichen, sondern des Scheins, auch nicht eine Kritik des Scheins; als eine solche wäre sie vortrefflich.

32		| Socrates hat sich nicht der spekulativen Philosophie ergeben. Die Römer waren von mehr gesundem Verstand als die Griechen und fanden daher keinen Geschmack an den Subtilitäten. Allein es kam ein Zeitalter der Spekulation. Dies war die Zeit der Scholastiker im 14ten Saeculo. Thomas Aquino und andere gehören dahin. Die Schriften des Aristoteles wurden ihnen in die Hände gespielt, sie gaben vor, dass sie dieselben erklärten; so wie aber ein jeder Ausleger mehr zu wissen glaubt, als sein Autor, so machten sie auch so viele Zusätze, dass die ganze Logik auf pure Schrauben gesetzt wurde. Sie dauerte nach der Reformation der Wissenschaften noch lange fort, bis sie endlich sich der Philosophie der Alten zu nähern angefangen hat, und kommt jetzt nach der Idee, die wir uns von der Logik gemacht haben. Aber vieles, z. B. die Syllogistik, ist noch darinnen kindisch. – Auf die

appartient au contenu des connaissances, la vérité ne peut être connue par la logique.

La dialectique est l'art de l'apparence logique. Aussi absurde que soit une proposition, je peux encore la mettre sous la forme de l'entendement. Mais cette connaissance est de telle nature que je n'en vois pas le contenu.

Dans les temps anciens, on considérait la dialectique comme nécessaire aux avocats et aux avoués. Les sceptiques s'en servaient également souvent, car il s'appuyaient sur elle pour plonger les hommes dans l'incertitude, et affirmer tantôt une chose, tantôt le contraire.

On a appelé dialectiques les affirmations spéculatives. Cela est aussi vrai. Les affirmations métaphysiques sont très dialectiques, mais elle n'est pas elle-même une dialectique.

Chez les Anciens, la dialectique n'était pas une science du vraisemblable mais de l'apparence ; sans pourtant être une critique de l'apparence : si elle l'était, elle serait excellente.

| Socrate ne s'est pas adonné à la philosophie spéculative [66]. **32** Les Romains étaient d'un entendement plus sain que les Grecs, et n'avaient ainsi pas le goût des subtilités [67]. Puis vint l'âge de la spéculation. Ce fut le temps des scolastiques au XIVe siècle. Thomas d'Aquin et d'autres en font partie. Les écrits d'Aristote se retrouvèrent entre leurs mains, et ils prétendirent les expliquer ; mais comme tout interprète croit en savoir plus que son auteur, ils firent tant d'ajouts que la logique toute entière ne fut plus composée que de raccords les uns à côté des autres. Elle demeura dans cet état encore longtemps après la réforme des sciences, jusqu'à ce qu'elle commença enfin à se rapprocher de la philosophie des Anciens, et qu'elle en vienne maintenant à l'idée que nous nous en sommes faits. Mais il y a en elle encore beaucoup de choses puériles, comme par exemple la syllogistique [68]. – L'érudition

Scholastische Subtilität folgte die Polyhistorie. Nichts ist dem menschlichen Verstand so schädlich gewesen, als diese Subtilität. Denn hat man sich an das Subtile sehr gewöhnt, so weiss man nicht das, was man denkt, in concreto anzuwenden. – Sie ist auch dem Geschmack ganz entgegen. Die Scholastiker waren so subtil, dass sie Verse machten, welche man von vorne und hinten lesen konnte und immer einen anderen Sinn hatten. Ein anderer tadelte die Poesie des Virgils, weil er ohne Reime schrieb, und ersetzte diesen Mangel. – Barbarisch ist alles, was dem Geschmack zuwider ist.

Von der Logik jetziger Zeit ist zu merken:

1) die negative Vollkommenheit derselben gegen die vorige. Der Teil, welcher Canon heißt, ist gereinigt, das ist das jetzige Verdienst. Die Dialektik ist beinahe ganz abgeschafft.

2) Als Organon betrachtet. Ein Organon des Verstandes und der Vernunft ist gar nicht möglich. Die Logik als ein Canon zeigt, ob eine Erkenntnis die Form des Verstandes und der Vernunft hat; als ein Organon soll sie die Mittel anzeigen, wie wir zu den Erkenntnissen gelangen können.

Ein Organon einer jeden Wissenschaft besonders ist wohl möglich, aber nicht die Logik als ein Organon des Verstandes und der Vernunft überhaupt. Das Organon ist dasjenige, was jetzt gesucht wird. Lambert hat ein solches Organon geschrieben, es teilt sich aber und er betrachtet jede Art der Erkenntnisse besonders.

33 |Metaphysik

In der enzyklopädischen Wissenschaft verdient die Idee unsere Aufmerksamkeit. Von vielen Wissenschaften haben wir zwar einen Begriff aber keine Idee, kein Urbild

succéda à la subtilité scolastique. Rien n'a été plus domma-
geable à l'entendement humain que cette subtilité. Car lorsque
l'on est habitué à ce qui est subtil, on ne sait plus appliquer
in concreto ce que l'on pense. – Elle s'oppose aussi complètement au goût[69]. Les scolastiques étaient si subtils qu'ils
faisaient des vers que l'on pouvait lire dans un sens ou dans
l'autre, tout en ayant une signification différente. L'un d'entre
eux blâma la poésie de Virgile parce qu'il écrivait sans rime, et
répara ce défaut[70]. – Est barbare tout ce qui est contraire au
goût.

Sur la logique actuelle, il faut remarquer :

1) sa perfection négative par rapport à la précédente. La
partie qui s'appelle canon est dépoussiérée, c'est le mérite du
temps présent. La dialectique est presque entièrement abolie.

2) qu'elle est considérée comme un organon. Un organon
de l'entendement et de la raison n'est absolument pas possible.
La logique en tant que canon montre si une connaissance
a la forme de l'entendement et de la raison; mais en tant
qu'organon, elle doit nous indiquer le moyen de parvenir à des
connaissances.

Il est possible d'avoir un organon de chaque science en
particulier, mais non une logique comme organon de l'entendement et de la raison en général. Un tel organon est recherché
de nos jours. Lambert a écrit un tel organon, mais il le divise et
considère chaque sorte de connaissance en particulier[71].

| MÉTAPHYSIQUE   33

Dans la science encyclopédique, l'idée [de la méta-
physique] est digne attention. Nous avons bien un concept
de beaucoup de sciences, mais nous n'en avons aucune idée,

oder einen Begriff, wodurch a priori die Möglichkeit eingesehen wird. Ein System heißt das, wo die Idee vor der Wissenschaft geht. Eine Idee ist das, wodurch etwas möglich ist.

Was ist die Idee der Metaphysik?

Unser Verstand und Vernunft haben einen gewissen Gebrauch, entweder der sinnlichen Gegenstände oder der sinnlichen Vorstellungen. Der Raum ist die sinnliche Form der äußeren und die Zeit der inneren Erscheinungen. Diese Form erkennen wir, ehe wir noch die Gegenstände kennen, wir antizipieren die Vorstellungen der Gegenstände, ehe sie noch da sind. Hier ist also der Gebrauch des Verstandes a priori in relatione [mit] der sinnlichen Form, wenn die Gegenstände noch nicht gegeben sind. Wir haben aber auch einen Gebrauch des Verstandes a posteriori in Ansehung der wirklichen Erscheinungen.

Sehr lange haben die Menschen den Verstand in Relation [mit] der sinnlichen Form gebracht, darauf dachten sie, ob nicht möglich wäre ein Gebrauch des Verstandes ohne Relation auf die Sinne. Da man bei vielen Sachen, unabhängig aller unmittelbaren Erfahrung der Gegenstände, a priori etwas erkennen kann, z. B., dass das Wasser so hoch springen werde, wie es fällt etc. etc., ob dieses gleich auch die Erfahrung bewiesen, so darf man doch nicht immer solche Erfahrungen anstellen, man kann es a priori erkennen, so versuchte man, wie weit man damit kommen könne.

Wir haben viele Erkenntnisse völlig a priori, die sich aber auf die Bedingungen der Sinnlichkeit beziehen, z. B. in der Geometrie in Beziehung auf den Raum und in der Arithmetik in Beziehung auf die Zeit.

Die Geometrie hat noch mehr Anlass dazu gegeben. Es war natürlich zu denken, da die Vernunft in Ansehung der

aucun modèle ou concept qui en fasse voir *a priori* la possibilité. Il y a système quand l'idée précède la science. Une idée est
ce par quoi quelque chose est possible.

Quelle est l'idée de la métaphysique ?

Notre entendement et notre raison ont un certain usage,
soit des objets sensibles soit des représentations sensibles.
L'espace est la forme sensible des phénomènes externes et le
temps des phénomènes internes. Nous connaissons cette forme
avant même de connaître les objets, nous anticipons les représentations des objets avant même qu'il n'y ait d'objets.
L'usage de l'entendement en relation avec la forme sensible
est ainsi *a priori* lorsque les objets ne sont pas encore donnés.
Mais nous avons aussi un usage *a posteriori* de l'entendement
relativement aux phénomènes réels.

Pendant très longtemps les hommes se sont servis de
l'entendement en relation avec la forme sensible, et puis ils se
sont demandés si un usage de l'entendement sans relation aux
sens était possible. Or comme en de nombreux cas, on peut
connaître quelque chose *a priori* indépendamment de toute
expérience immédiate des objets – par exemple que l'eau
jaillira aussi haut qu'elle chute, etc., car même si l'expérience
le montre également, on n'a cependant pas toujours besoin
d'en faire l'expérience, et on peut le connaître *a priori* – on a
donc essayé de savoir jusqu'où il était possible d'aller avec des
connaissances *a priori*[72].

Nous avons de nombreuses connaissances totalement *a
priori*, mais elles se rapportent aux conditions de la sensibilité :
par exemple en géométrie elles se rapportent à l'espace, et en
arithmétique elles se rapportent au temps.

L'exemple de la géométrie a encouragé ce type de
réflexion. En effet, comme la raison avait si bien réussi avec

Größen so viel getan, so musste man auch versuchen, wie weit sie in Ansehung der Eigenschaften und Wesen der Dinge ohne alle Erfahrung führen kann. Es ging ihnen aber so wie einem Vogel, welcher glauben wollte, dass er in einem luftleeren Raum viel ungehinderter fliegen könnte. Hier | wird ihn zwar die Luft nicht hindern, allein er wird doch nicht von der Stelle kommen, weil eben diese Luft das Fliegen möglich macht. Da die Menschen sich der Vernunft, ohne alle Erfahrung, auch ohne alle Beziehung auf die sinnliche Form zu bedienen anfingen, so war ihnen so wohl zumute, wie dem Vogel in dem luftleeren Raum, sie hatten keine Hindernisse, allein sie konnten auch viele Jahrhunderte hindurch nicht von der Stelle. Denn haben unsere Erkenntnisse keine Beziehung auf einen Gegenstand, wie kann ich da etwas von einem Dinge sagen, wenn ich ohne alle Beziehung auf ihn denke? Das kann wohl die Art meines Denkens ausdrücken aber keine Erkenntnis von dem Dinge geben.

Anschauung und Denken gehören zur Erkenntnis eines Gegenstandes. Das Denken allein gibt mir keine Erkenntnis von dem Gegenstand, sondern es ist die Art, wie ich ihn mir vorstelle.

Ohne Anschauung können wir nicht denken, ohne Titel des Denkens haben wir keine Anschauung.

Wenn ich sage: „den Körper, der kein Prädikat ist, nenne ich Substanz", ist Substanz ein Gegenstand? Nein, sondern ein Denken, ich bringe meinen Begriff unter einen Titel.

Die Metaphysik betrachtet die Titel des Denkens, unter welche ich die Objekte bringen kann. Ich betrachte zum Exempel einen Körper in der Anschauung, nun bringe ich ihn unter die Titel des Denkens und sage, dass er entweder Substanz oder Accidens, Grund oder Folge sei. – Die Metaphysik enthält also die Titel des Denkens und lehrt den

les grandeurs, il était naturel de penser qu'il fallait aussi chercher à savoir jusqu'où elle pouvait aller relativement aux propriétés et aux essences des choses indépendamment de toute expérience. Mais il en fut avec ceux-là comme d'un oiseau qui voulait croire qu'il volerait bien plus librement dans un espace sans air. | Il est vrai que l'air ne lui fera alors pas **34** obstacle, mais il ne pourra pas avancer, puisque c'est précisément l'air qui lui permet de voler. Et lorsque les hommes commencèrent à se servir de la raison indépendamment de toute expérience et sans aucun rapport à la forme sensible, ils se sentirent aussi à l'aise que l'oiseau dans un espace sans air : ils n'avaient aucun obstacle, seulement ils ne purent avancer pendant des siècles[73]. Car lorsque nos connaissances n'ont aucun rapport à un objet, comment puis-je encore dire quelque chose de l'objet si je ne pense aucun rapport à lui ? Cela peut bien exprimer ma manière de penser, mais cela ne donne aucune connaissance de la chose.

L'intuition et la pensée font partie de la connaissance d'un objet. La pensée seule ne me donne aucune connaissance de l'objet, mais elle est la manière dont je me le représente.

Sans intuition nous ne pouvons pas penser, sans titre de la pensée nous n'avons aucune intuition[74].

Quand je dis « J'appelle substance le corps qui n'est pas un prédicat »[75], est-ce que la substance est un objet ? Non, mais une pensée : je ramène mon concept sous un titre.

La métaphysique considère les titres de la pensée sous lesquels je peux ramener les objets. Je considère par exemple un corps dans l'intuition, et je le ramène maintenant sous les titres de la pensée et je dis qu'il est soit une substance soit un accident, soit un principe soit une conséquence. – La métaphysique contient ainsi les titres de la pensée et enseigne

Gebrauch des Verstandes in Ansehung aller angeblichen Dinge. Sie betrachtet die Titel des Denkens im Verhältnis auf die Objekte.

Wenn ich also die Titel des Denkens an und für sich selbst betrachte, so entspringt daraus die Metaphysik: Nun kann ich von den Titeln des Denkens in abstracto reden und daraus entspringt die transzendentale Metaphysik. Aller Gebrauch der Vernunft ist entweder immanent oder transzendent, immanent wenn sie innerhalb den Schranken der Sinnlichkeit bleibt, und transzendent wenn sie außerhalb den Sinnen geht, dies letzte nennt man auch Vernünftelei, und dieser Gefahr ist die Metaphysik sehr unterworfen.

Es ist leichter die Teile einer Wissenschaft auszuarbeiten, als die Idee, den ganzen Umfang, Quelle und Natur derselben, zu bestimmen. Das ist architektonisch. Ohne eine solche Kritik schafft die Metaphysik keinen Nutzen. In der Mathematik kann ich sie wohl entbehren, denn da habe ich Sätze, auf die ich mich verlassen kann, | in der Metaphysik aber ist die Kritik der reinen Vernunft das Wesentliche. Ein neuerer Engländer hat geschrieben: Appellation an den gesunden Menschenverstand, und behauptet, dass dieses alles schon in dem gesunden Verstand liege, es ist aber falsch, denn z. B. wenn ich sage: Alles was geschieht hat eine Ursache, wenn ich diesen Satz nicht examiniere, wo ich ihn hergenommen habe, sondern sage, jeder sieht es ja von [sich] selbst ein, so kann der Behaupter dabei sehr schreien, ich kann aber dennoch fragen: woher kommt der Satz? Denn hier fehlt mir ja alle Anschauung, die ich in der Mathematik habe. Z. B. dass die Diagonallinie länger sei, als jede von den Seiten. Er würde wohl sagen können: „So viel Dinge ich jemals gefunden habe, haben eine Ursache gehabt, ich kann es aber nicht allgemein sagen". Ich habe da einen Satz der nicht vom

l'usage de l'entendement par rapport à tous les objets envisageables. Elle considère les titres de la pensée en relation avec les objets.

Si je considère alors les titres de la pensée en soi et pour soi, cela donne la métaphysique : et si je parle *in abstracto* des titres de la pensée, cela donne la métaphysique transcendantale. Tout usage de la raison est soit immanent soit transcendant, immanent si elle reste dans les bornes de la sensibilité, et transcendant si elle va au-delà les sens : on appelle aussi ce dernier la ratiocination, et c'est un danger auquel la métaphysique est très exposée.

Il est plus facile d'approfondir les parties d'une science que d'en déterminer l'idée, l'étendue complète, la source et la nature : telle est l'architectonique. La métaphysique n'a aucune utilité sans une telle critique. Je peux bien m'en passer en mathématique, car j'y ai des propositions sur lesquelles je peux m'appuyer, | mais en métaphysique la critique de la **35** raison pure est ce qu'il y a de plus essentiel. Un récent auteur anglais a écrit un *Appel à un sain entendement humain*, et affirmé que tout cela se trouvait déjà dans un entendement sain[76] ; mais cela est faux, car lorsque je dis par exemple « Tout ce qui arrive a une cause », et que je n'examine pas cette proposition ni d'où je l'ai tirée, mais que j'affirme que chacun la comprend bien de lui-même, celui qui l'affirme peut bien le crier, mais je peux toujours lui demander : d'où vient cette proposition ? Car l'intuition que j'ai en mathématique, par exemple lorsque j'affirme que la diagonale est plus longue que chacun des deux côtés, me fait ici complètement défaut. Il pourrait bien dire : « J'ai trouvé jusqu'à présent beaucoup de choses qui avaient une cause, mais je ne peux pas l'affirmer en général ». J'ai donc une proposition qui n'est pas tirée de

Objekt selber entlehnet ist, denn in meinem Begriff liegt weiter nichts als dass etwas wird, was vorher nicht war.

Ich sage, alles, was entsteht, muss aus etwas entstehen, was auch entsteht: also muss doch daraus folgen, dass es keinen ersten Anfang gebe. Nun ist wieder klar, dass bei einer Reihe subordinierter Erkenntnisse ein Anfang sein müsse: Diese 2 Sätze sind beide gleich klar und dennoch widersprechen sie sich. Was ist nun für ein Mittel hier heraus zu kommen? Das Mittel ist das: ich sage selbst, dass diese Sätze nicht so klar sind als 2 mal 2 ist 4, sondern hier muss nachgeforscht werden. Also sage ich, die Nachforschung über den Ursprung der Aktionen der Vernunft ist die Beschäftigung der Metaphysik; ich werde also sagen, dass alle Aktionen nur gelten unter der Bedingung der Sinnlichkeit, und wenn nun diese Sinnlichkeit restringiert ist, uns in Umstände setzen wird, gänzlich außer der Erfahrung a priori zu denken, denn ist unsere Erkenntnis allgemein. Es ist ein ganz besonderes Verfahren unseres Verstandes wenn er allein, ganz abgesondert von der Erfahrung, urteilt. – Die Metaphysik enthält Urteile des Verstandes, die abgesondert sind von aller Erfahrung und auch von allen Verhältnissen der Sinne. Z. B. wenn die Rede ist von der Notwendigkeit, Möglichkeit, Zufälligkeit der Dinge. Es muss doch aber einen wundern, dass ein Gebrauch der Vernunft ganz abgezogen von der Erfahrung möglich ist.

Die Metaphysik redet nicht, wie uns etwas erscheint, sondern wie wir uns die Dinge denken sollen. Mein Verstand soll ohne Belehrung der Erfahrung und Sinne etwas über die Dinge ausmachen, die mir gar nicht gegeben sind. Das ist
36 schon an sich befremdend und | verursacht auch all die Streitigkeiten unter den Philosophen. Die Illusionen zu vermeiden ist die Metaphysik als Organon nötig, und zu zeigen wie weit die

l'objet lui-même ; et il n'y a rien d'autre dans mon concept [de cause] que quelque chose sera qui n'était pas auparavant.

Je dis que tout ce qui arrive doit arriver de quelque chose, qui elle-même arrive : il s'ensuit donc qu'il ne doit pas y avoir de premier commencement. Il est par ailleurs clair qu'il doit aussi y avoir un commencement dans une série de connaissances subordonnées : ces deux propositions sont toutes les deux parfaitement claires, et se contredisent cependant. Quel remède peut-on trouver ici ? Le remède est le suivant : j'affirme que ces deux propositions ne sont pas aussi claires que 2 fois 2 font 4, et qu'il faut les examiner plus avant. Je dis ainsi que la recherche sur l'origine des actes de la raison est l'affaire de la métaphysique ; et je dirai alors que tous ses actes ne valent que sous la condition de la sensibilité, et que, lorsque la sensibilité est si restreinte qu'elle nous contraint à penser complètement *a priori* en dehors de toute expérience, alors la connaissance est universelle. C'est par un procédé très particulier que notre entendement juge seul en étant complètement séparé de l'expérience. – La métaphysique contient les jugements de l'entendement qui sont séparés de toute expérience comme de toute relation aux sens. Par exemple lorsqu'il est question de la nécessité, de la possibilité et de la contingence des choses. Il faut cependant s'étonner qu'un usage de la raison complètement soustrait de l'expérience soit possible.

La métaphysique ne dit pas comment quelque chose nous apparaît, mais comment nous devons penser les choses. Mon entendement doit établir quelque chose, sans aucun renseignement tiré de l'expérience ni des sens, à propos de ce qui ne m'est absolument pas donné. Cela est déjà en soi déconcertant, et est à l'origine | de tous les différends parmi les philosophes. **36** La métaphysique en tant qu'organon est nécessaire pour éviter les illusions, et pour montrer jusqu'où vont les forces de la

Kräfte der Vernunft gehen, z. B. wenn die Rede ist vom Schicksal, Notwendigkeit, Gott etc. etc.

Die Metaphysik wird keine dogmatischen Sätze, keine Axiome a priori geben. Die Kritik der reinen Vernunft muss ihr vorgehen. Wir müssen untersuchen, ob nicht vielleicht ein Blendwerk in uns vorgeht, und wir die subjektiven für objektive Bedingungen des Denkens halten. Z. B. ich kann nichts erkennen, als bis mir der Grund gegeben ist, allein folgt daraus, dass alles einen Grund habe?

Die Kritik wird aus zwei Stücken bestehen nämlich 1. aus der Analytik, 2. aus der Dialektik der Vernunft. Die erstere könnte man ein Wörterbuch der reinen Vernunft nennen; sie enthält nichts anderes als die Zergliederung der Handlungen unseres Verstandes. Wir haben allerlei Begriffe, die in diesem Wörterbuch vorkommen, z. B. was notwendig, Substanz, Accidens etc. sei. Die Sätze, die aus der Zergliederung entstehen sind die elementaren Sätze, z. B. in jeder Substanz ist Einheit etc. Das vornehmste principium aller Zergliederungssätze ist das principium contradictionis, d.i. alle analytischen Sätze sind Begriffe, die sich auf das Principium contradictionis gründen.

Wenn unsere reine Vernunft über die Dinge urteilt, so hat sie nichts als sich selbst zur Führerin; nichts, worüber ich Untersuchungen anstellen kann, als mein Denken. Die Sätze in der Metaphysik können nur von dem reinen Denken entlehnt sein. Über die Gegenstände werde ich hier nichts ausmachen, sondern über mein Denken. – Die Dialektik wird nur die Regeln des Denkens enthalten. Wir wollen versuchen die Sätze des reinen Denkens in eine Tabelle zu bringen. Wir haben logische Funktionen des Verstandes, z. B. „wenn wir einen Gott haben, so haben wir auch einen obersten Richter" und umgekehrt, „wenn wir einen obersten Richter haben, so ist dieser Gott".

raison, par exemple lorsqu'il est question de destin, de nécessité, de Dieu, etc.

La métaphysique ne donnera ni proposition dogmatique ni axiome *a priori*. Elle doit être précédée par la critique de la raison pure. Nous devons chercher s'il n'y aurait pas en nous une hallucination, et si nous ne prenons pas les conditions subjectives de la pensée pour des conditions objectives[77]. Par exemple, je ne peux rien connaître sans qu'un principe ne me soit donné : mais doit-il s'ensuivre que tout a un principe ?

La critique sera constituée de deux parties, à savoir 1. l'analytique et 2. la dialectique de la raison. On pourrait appeler la première un dictionnaire de la raison pure ; elle ne contient rien d'autre que la décomposition des actes de notre entendement. Dans ce dictionnaire se trouvent toutes sortes de concepts, par exemple le nécessaire, la substance, l'accident, etc. Les propositions résultant de la décomposition sont les propositions élémentaires, par exemple « En toute substance, il y a une unité », etc. Le plus haut principe de toute décomposition des propositions est le principe de contradiction, à savoir que toutes les propositions analytiques sont des concepts qui se fondent sur le principe de contradiction.

Lorsque notre raison pure juge des choses, elle n'a qu'elle-même pour seul guide ; et il n'y a rien d'autre à examiner que ma pensée. En métaphysique, les propositions ne peuvent être tirées que de la pensée pure. Je n'y établirai rien concernant les objets, mais concernant ma pensée. – La dialectique ne contiendra que les règles de la pensée. Nous voulons essayer de mettre en tableau les propositions de la pensée pure. Il existe des fonctions logiques de l'entendement, par exemple : « s'il y a un Dieu, alors il y a aussi un juge suprême » et inversement, « s'il y a un juge suprême, alors c'est Dieu ».

Aus den logischen Funktionen kann man Titel des Denkens machen, aber mit dem Unterschied dass, wenn ein logischer Satz unter einen Titel des Denkens gebracht ist, so kann ich nicht umgekehrt schließen, z. B. die Welt nicht zu Grunde vom Dasein Gottes machen. Durch die Titel des Denkens werden die Objekte bestimmt. Wenn wir alle logischen Funktionen durchgehen, so werden wir auch so viele Titel des Verstandes herausbringen.

37 | I. Der Qualität nach sind

1. die Urteile a) bejahend b) verneinend,

2. die Titel des Denkens a) Realität b) Negation.

II. Der Quantität nach sind

1. die Urteile a) allgemein b) besonders c) einzeln.

2. die Titel des Denkens, welche daraus entstehen a) omnitudo b) multitudo c) unitas.

III. Der Relation nach sind

1. die Urteile a) kategorisch b) hypothetisch c) disjunctiv. Diesen korrespondieren

2. die Titel des Denkens a) der Begriff der Substanz und des Akzidenz b) Grund und Folge c) des Ganzen und des Teils.

IV. Der Modalität nach sind

1. die Urteile a) problematisch, welche die Möglichkeit ausdrücken, es mag sein etc. b) Assertorisch, die drücken die logische Verität aus, e.g. es ist ein gütiger Richter. c) Apodiktisch, drücken die Notwendigkeit aus, z. B. ein Körper muss teilbar sein. Diesen korrespondieren

2. die Titel des Denkens a) Möglichkeit b) Wirklichkeit c) Notwendigkeit.

Was in der Logik Urteile sind, sind in der Ontologie Begriffe, unter welche wir die Dinge bringen. Funktionen

On peut tirer de ces fonctions logiques des titres de la pensée, mais avec cette différence que lorsqu'une proposition logique est ramenée sous un titre de la pensée, je ne peux conclure en sens inverse, par exemple je ne peux mettre le monde au fondement de l'existence de Dieu. Les titres de la pensée déterminent les objets. Si nous passons en revue toutes les fonctions logiques, nous en tirerons autant de titres de l'entendement.

| Selon la qualité :   37

1. les jugements sont a) affirmatifs, b) négatifs.

2. les titres de la pensée a) réalité, b) négation.

Selon la quantité :

1. les jugements sont a) universels, b) particuliers, c) singuliers.

2. les titres de la pensée qui en résultent a) totalité, b) pluralité, c) unité.

Selon la relation :

1. les jugements sont a) catégoriques, b) hypothétiques, c) disjonctifs.

A ceux-ci correspondent :

2. les titres de la pensée a) du concept de la substance et de l'accident, b) du principe et de la conséquence, c) du tout et de la partie.

Selon la modalité :

1. Les jugements sont a) problématiques, qui expriment la possibilité, ce qui peut être, etc., b) assertoriques, qui expriment la vérité logique, par exemple « c'est un juge bon », c) apodictiques, qui expriment la nécessité, par exemple un corps doit être divisible. À ceux-ci correspondent :

2. les titres de la pensée de a) possibilité, b) réalité, c) nécessité [78].

Les jugements sont, dans la logique, ce que les concepts sous lesquels nous ramenons les choses sont dans l'ontologie.

gehen auf Begriffe, die Titel aber auf Sachen. Darin unterscheiden sie sich. Begriffe sind Prädikate zu möglichen und
unbestimmten Urteilen. Urteilen ist Denken. Die Urteile sind
Funktionen der Begriffe.

Wenn logische Funktionen auf Sachen angewandet
werden, so entstehen daraus die Titel des Denkens. – Als ein
Urteil des Verstandes wird die Finsternis, eine Negation, auch
eine Realität sein können. Wenn wir aber die Finsternis unter
einen Titel des Verstandes bringen, so gibt sie immer eine
Negation. Was an sich selbst Subjekt und kein Prädikat ist,
heißt Substanz, und ein Prädikat, welches kein Subjekt ist,
heißt accidens. Eine Erkenntnis ist bald ein Grund bald eine
Folge der anderen, aber eine Sache bleibt immer ein Grund
und kann keine Folge sein.

In der Tabelle sind alle Titel enthalten, die in der
transzendentalen Philosophie vorkommen, nur Raum und Zeit
sind aus gelassen. – Raum und Zeit sind Anschauungen; sie
sind keine Begriffe, sondern sie werden angeschaut. Sie sind
Formen der Anschauung, und gehen den Erscheinungen vor.

38 | Ich muss notwendig zuerst einen reinen Raum und Zeit
haben, damit, wenn ich Erscheinungen habe, ich weiß, wohin
ich sie hinstelle.

Alle Objekte der äußeren Sinne werden im Raum und
Objekte der inneren Sinne werden in der Zeit angeschaut. –
Die Geometrie ist eine Erkenntnis a priori, die zwar aus der
Anschauung, aber nicht der Erfahrung gezogen ist, denn sie
erkennt die Notwendigkeit der Dinge und ihre Wirklichkeit.

Wenn Dinge sollen angeschaut werden, so müssen sie in
ein Verhältnis können gestellt werden, damit wir sie vergleichen können. – Alle Gegenstände der Anschauung müssen als
Erscheinungen gedacht werden; wenn diese Erscheinungen
sollen Erfahrungen werden, so müssen sie unter Titel des

Les fonctions se rapportent aux concepts, les titres se rapportent aux choses. C'est en cela qu'ils se différencient. Les concepts sont des prédicats de jugements possibles et indéterminés. Juger est penser. Les jugements sont des fonctions des concepts.

Lorsque des fonctions logiques sont appliquées aux choses, il en résulte les titres de la pensée. – Dans un jugement de l'entendement, l'obscurité pourra être aussi bien une négation qu'une réalité. Mais si nous la ramenons sous un titre de l'entendement, elle donne toujours une négation[79]. Ce qui est soi-même sujet et n'est pas prédicat, est une substance, et un prédicat qui n'est pas sujet, est un accident. Une connaissance est tantôt principe et tantôt conséquence d'une autre, mais une chose demeure toujours un principe et ne peut être une conséquence.

Le tableau contient tous les titres qui interviennent dans la philosophie transcendantale, seuls y manquent l'espace et le temps. – L'espace et le temps sont des intuitions ; ils ne sont pas des concepts, mais ils sont intuitionnés. Ils sont les formes de l'intuition qui précèdent les phénomènes.

| Il faut nécessairement que j'ai d'abord un espace et un **38** temps purs afin de savoir où placer les phénomènes que j'ai.

Tous les objets du sens externe sont intuitionnés dans l'espace, et ceux du sens interne dans le temps. – La géométrie est une connaissance *a priori* qui est certes tirée de l'intuition mais non de l'expérience, puisqu'elle est une connaissance de la nécessité et de la réalité des choses.

Lorsque des choses doivent être intuitionnées, alors il faut pouvoir les mettre dans une relation afin de les comparer. – Il faut penser tous les objets de l'intuition comme des phénomènes ; si ces phénomènes doivent devenir des expériences, alors il faut les ramener sous les titres de

Verstandes gebracht werden. Wir werden also gewisse Grundsätze haben müssen, nach welchen wir die Erscheinungen
unter Titel bringen. Die Mathematik hat Axiomen d.i. principia a priori der Anschauung. Die Philosophie hat Principia der
diskursiven Erkenntnisse a priori. Die principia der diskursiven Erkenntnisse in Erfahrungen nenne ich Analogie der
Erfahrung; oder die Principia der möglichen empirischen
Erkenntnis; es hat nur verhältnisweise auf die Erfahrung seine
Gültigkeit.

Von den Titeln des Verstandes der Relation nach.

In allem, was da ist, ist eine Relation der Substanz und des
accidens.

In allem, was nach einander ist, ist ein Verhältnis des
Grundes und der Folge.

In allem, was zugleich ist, ist eine Beziehung des Ganzen
und der Teile.

Ohne diese Voraussetzungen könnten wir keine
Erfahrungen anstellen. Sie sind also Expositionen aller
Erfahrungen. Wenn das nicht wäre, wüsste ich nicht, was ich
bei Wahrnehmungen oder bei Dingen, die nach einander sind
etc., denken sollte. Bei allen reinen Verstandesbegriffen haben
wir noch keine Begriffe von den Sachen, sondern nur Titel,
worunter wir uns eine Sache denken können. Durch sie können
wir nichts ausmachen, außer wenn wir sie auf Gegenstände der
Erfahrung und Anschauung anwenden. – Das ist also wichtig,
dass die Metaphysik nichts von den Gegenständen ausmacht.

Da die angeführten Verstandesbegriffe nicht von den
Gegenständen entlehnt sind, denn kein Gegenstand erscheint
mir mit der Notwendigkeit etc., so machen sie auch nichts von
den Gegenständen aus, sie sind nur Titel des Denkens und
keine praedicata der Dinge. Nur die Erscheinungen geben uns
Begriffe von den Dingen.

l'entendement. Il nous faudra ainsi avoir certains principes d'après lesquels nous ramenons les phénomènes sous les titres. La mathématique a des axiomes, c'est-à-dire des principes *a priori* de l'intuition. La philosophie a des principes de la connaissance discursive *a priori*. J'appelle analogies de l'expérience, ou principes de la connaissance empirique possible, les principes de la connaissance discursive dans les expériences : ils n'ont leur validité qu'en relation avec l'expérience.

Sur les titres de l'entendement selon la relation.

Dans tout ce qui existe, il y a une relation de substance à accident.

Dans tout ce qui existe successivement, il y a une relation de principe à conséquence.

Dans tout ce qui existe en même temps, il y a une relation de la partie au tout.

Nous ne pourrions faire aucune expérience sans ces présuppositions. Elles sont donc des expositions de toutes les expériences. Sans cela je ne sais pas ce qu'il y aurait à penser dans les perceptions – ou dans les choses – qui existent successivement etc. Avec les concepts purs de l'entendement, nous n'avons encore aucun concept des choses, mais seulement des titres sous lesquels nous pouvons penser une chose. Nous ne pouvons rien déterminer par eux, sauf si nous les appliquons aux objets de l'expérience et à l'intuition. – Il est par conséquent important que la métaphysique ne détermine rien des objets.

Puisque les concepts de l'entendement qui ont été invoqués ne sont pas tirés des objets – car aucun objet ne m'apparaît avec nécessité, etc. –, ils ne déterminent également rien des objets, et sont seulement des titres de la pensée et non des prédicats des choses. Seuls les phénomènes nous donnent des concepts des choses.

39 | Der Gebrauch des Verstandes in Ansehung der Gegenstände, wie sie uns in die Sinne fallen, heißt immanent, geht er weiter als die Erfahrung, so heißt er der transzendente Gebrauch des Verstandes.

Wenn wir den Verstand immanent gebrauchen, so ist das ein richtiger Gebrauch, aber aus dem transzendenten Gebrauch entstehen Irrtümer.

Die Axiomen des immanenten Gebrauchs gehen auf den Gegenstand; der transzendente geht auf kein Objekt, z. B. was im Raum ist, ist ein Gegenstand äußerer Sinne; was ein Gegenstand des inneren Sinnes ist, ist nicht im Raum sondern in der Zeit. Der Gegenstand des innern Sinnes ist die Seele und überhaupt alle denkenden Wesen, denn da nehme ich nicht die Figur und Undurchdringlichkeit des Körpers, denn diese sind Vorstellungen des äußeren Sinnes. Wenn man also sagt: ein Geist ist nicht im Raum, so bedeutet dieses nicht, als wenn man noch keinen Geist gesehen hätte, der im Raum wäre, sondern man will nur so viel sagen, dass er gar kein Gegenstand des äußeren Sinnes ist, und im Raum gar nicht gedacht werden kann. – Alle äußeren Gegenstände sind im Raum, und die Gegenstände des inneren Sinnes in der Zeit; das ist ein immanenter Gebrauch des Verstandes. Aber alles was da ist, ist im Raum und der Zeit, das ist ein transzendenter Satz. Crusius sagt: alles ist irgendwo und irgendwann. Wie täuschend ist dieser Satz. Die Erfahrung lehrt es mich nicht, da habe ich gar keine Anschauung, er ist also a priori, da kann ich aber fragen: wer hat dich das gelehrt? Wie kommst du dazu, diesen Satz zu wissen? Analytische Sätze haben ihre feste Bestimmungen und Gewissheit in sich selbst. Es liegt schon im Begriff selbst. Der angeführte Satz ist nicht so beschaffen. – Ich muss zur Gewissheit eines Satzes wissen, wo er herkommt. –

| L'usage de l'entendement relativement aux objets tels **39** qu'ils tombent sous les sens est son usage immanent; qu'il dépasse l'expérience, et c'est l'usage transcendant de l'entendement.

Si nous faisons un usage immanent de l'entendement, c'est un usage correct. C'est de son usage transcendant que naissent les erreurs.

Les axiomes de l'usage immanent se rapportent à l'objet; l'usage transcendant ne se rapporte à aucun objet, par exemple : « Ce qui est dans l'espace est un objet du sens externe » ; « Un objet du sens interne n'est pas dans l'espace mais dans le temps »[80]. L'objet du sens interne est l'âme et tout être pensant en général, en tant que je ne tiens pas compte de la figure et de l'impénétrabilité du corps, qui sont des représentations du sens externe. Ainsi, lorsque l'on dit : « Un esprit n'existe pas dans l'espace », cela ne veut pas dire que l'on n'a encore jamais vu d'esprit dans l'espace, mais cela veut dire que l'esprit n'est absolument pas un objet du sens externe et qu'il ne peut pas du tout être pensé dans l'espace. – Tous les objets externes sont dans l'espace, et les objets du sens interne sont dans le temps : tel est l'usage immanent de l'entendement. Mais que tout existe dans l'espace et dans le temps, voilà une proposition transcendantale. Crusius dit : « Tout ce qui est, est quelque part et en quelque temps »[81]. Combien trompeuse est cette proposition. L'expérience ne me l'enseigne pas puisque je n'en ai aucune intuition. Elle est donc *a priori*, et je peux alors demander : qui te l'a enseigné ? Comment en viens-tu à connaître cette proposition ? Les propositions analytiques ont leurs fermes déterminations et leur certitude en elles-mêmes. Cela vient du concept lui-même. La proposition invoquée n'est pas de cette nature. – Pour connaître la certitude d'une proposition, je dois savoir d'où elle vient. – Les propositions

Transzendente Sätze sind aus der Luft genommen. Sie zu immanenten Sätzen zu machen, muss man sie auf die Sinne anwenden, die Bedingungen der Sinne hinzufügen. Der Satz, ein Gegenstand der Sinne ist irgendwo und irgendwann, ist wahr. Wenn wir die Bedingungen der Sinne weglassen, so machen wir die subjektiven Bedingungen zu objektiven. – Unsere Anschauungen sind immer sinnlich und nicht intellektuell, weil wir nicht die Urheber der Dinge sind. – Wenn wir Raum und Zeit, das sind die subjektive Bedingungen, zu objektiven machen, so machen wir einen immanenten Satz zum transzendenten. – Vernünftelei ist das, was kein Objekt hat. – Was eine Bedingung der Vorstellung und des **40** Begriffs vom | Gegenstand ist, machen wir oft zur Bedingung des Gegenstandes selbst, d.i. die subjektive Bedingung zur objektiven. Das tun wir sehr oft, und daraus entspringen so viele Täuschungen. – Der Satz: Alles was geschieht, hat eine Ursache, will nur so viel sagen, ich kann ohne diese Regel keine Erfahrungen anstellen, ich muss sie alle danach leiten und ich kann mir keinen Gegenstand ohne diese Regel denken. Er ist nur in Ansehung der Erfahrung gültig. Immanente Sätze sind nicht aus der Erfahrung genommen, sondern sie haben nur eine Beziehung auf dieselbe. Ohne die Titel des Verstandes vorauszusetzen, können wir keine Erfahrungen anstellen.

Wir wollen noch die Vernunft betrachten, wie sie ohne alle Erfahrung urteilt. Ihr wahres Feld ist hierin die Mathematik. Hier sind die Sätze entlehnt aus der reinen Anschauung ohne alle Erfahrung. Was kann aber die Vernunft von den Beschaffenheiten der Dinge sagen, die ihr gar nicht gegeben sind? Nur von den Bedingungen der Gegenstände. – Über die Gegenstände der Erfahrung darf sie nicht gehen. Dass alle

transcendantes sont des paroles en l'air. Pour en faire des propositions immanentes, il faut les appliquer aux sens et les soumettre aux conditions des sens. La proposition « Un objet des sens est quelque part et en quelque temps » est vraie. Si nous omettons les conditions des sens, nous prenons des conditions subjectives pour objectives. – Nos intuitions sont toujours sensibles et non intellectuelles, car nous ne sommes pas les créateurs des choses. – Lorsque nous faisons de l'espace et du temps, qui sont des conditions subjectives, des conditions objectives, nous prenons une proposition immanente pour une proposition transcendante. – La ratiocination est ce qui n'a pas d'objet. – Ce qui est une condition de la représentation et du concept de | l'objet, nous en faisons **40** souvent une condition de l'objet lui-même, c'est-à-dire que nous faisons d'une condition subjective une condition objective. Nous le faisons très souvent, et c'est de là que naissent tant d'illusions. – La proposition « Tout ce qui arrive a une cause » veut seulement dire que je ne peux faire aucune expérience sans cette règle, que je dois mener toutes les expériences d'après celle-ci, et que je ne peux penser aucun objet sans cette règle. Elle n'est valable que relativement à l'expérience. Les propositions immanentes ne sont pas tirées de l'expérience, mais ont seulement un rapport à celle-ci. Sans présupposer les titres de l'entendement, nous ne pouvons faire aucune expérience.

Nous voulons encore considérer comment la raison juge sans l'aide d'aucune expérience. Son véritable domaine est ici la mathématique. Les propositions y sont tirées de l'intuition pure sans l'aide d'aucune expérience. Mais que peut dire la raison des propriétés de choses qui ne lui sont absolument pas données ? Elle peut seulement parler des conditions des objets. – Elle ne doit pas aller au-delà des objets de l'expérience. Que

Körper teilbar sind, kann ich gewiss behaupten, denn der Begriff liegt im Körper. Alle Sätze aber, wo das Prädikat nicht im Subjekt liegt, wenn sie nicht durch die Erfahrung gegeben sind, sind ungewiss, denn woher soll ich es nehmen, wenn es mir ein höheres Wesen nicht offenbart hat. Alle solchen Sätze sind nur möglich insofern sie die Bedingungen der Gegenstände, die mir durch die Sinne gegeben sind, in sich enthalten. Also sind es Sätze, die nichts von den Gegenständen sagen, sondern nur die Bedingungen, unter welchen wir uns die Gegenstände denken können. Sie müssen sich an die Erfahrung halten; erheben sie sich über die, so sind sie transzendent. Der Satz, dass eine subordinierte Reihe eine oberste Ursache habe, hat nur einen subjektiven Grund aber keinen objektiven. Ich kann mir keine Reihe komplett denken, wenn ich nicht ein erstes und ein letztes Glied annehme. Das ist analytisch.

Um die Antinomie zu zeigen, wollen wir versuchen zu beweisen, dass kein erster Anfang ist. Wir wollen synthetisch (von oben) schließen.

Ich kann nichts erkennen als durch einen Grund, also kann ich auch das erste nicht anders erkennen, als es muss einen Grund haben. Das erste muss doch angefangen haben zu handeln, und alsdann muss in ihm etwas vorgegangen sein, eine Veränderung, wodurch es zu handeln bewogen ist. – Dies
41 kann man auch auf die | Freiheit im transzendenten Verstand anwenden, und davon pro et contra reden. Ferner es ist ein notwendiges Wesen und wieder es ist keins.

1. Zufällige Dinge haben eine Ursache, und wir kommen in der Reihe der Ursachen auf ein erstes, und dies ist notwendig.

tous les corps soient divisibles, je peux l'affirmer avec certitude, puisque le concept [de divisibilité] est contenu dans celui de corps. Mais toutes les propositions où le prédicat ne se trouve pas dans le sujet, et qui ne sont pas données par expérience, sont incertaines : car d'où pourrais-je le tirer, si je n'ai pas eu de révélation par un être supérieur[82] ? Toutes ces propositions ne sont seulement possibles qu'en tant qu'elles contiennent les conditions des objets qui me sont donnés par les sens. Ce sont donc des propositions qui ne disent rien des objets, mais qui disent seulement les conditions sous lesquelles nous pouvons penser des objets. Elles doivent s'en tenir à l'expérience : qu'elles s'élèvent au-delà, et elles sont transcendantes. La proposition selon laquelle une série subordonnée doit avoir une cause première, a seulement un fondement subjectif, mais non objectif : je ne peux penser aucune série complète sans supposer un premier et un dernier terme. C'est analytique.

Pour exposer maintenant l'antinomie, essayons de démontrer qu'il n'y a pas de premier commencement, et faisons-le en raisonnant synthétiquement (par le haut).

Je ne peux avoir de connaissance qu'au moyen d'un principe, et je ne peux ainsi pas connaître de premier être sans qu'il y ait de principe. Le premier être doit cependant avoir commencé à agir, et il a dû donc se passer quelque chose en lui qui le pousse à agir. – On peut aussi | appliquer ce raisonne- **41** ment à la liberté au sens transcendant, et ainsi trouver des arguments *pro et contra*[83]. – D'un côté il y a un être nécessaire, de l'autre il n'y en a pas :

1. Les choses contingentes ont une cause, et dans la série des causes nous remontons à un être premier, qui est nécessaire.

2. Es ist kein notwendiges Wesen. Das Dasein eines Wesens ist so beschaffen, dass das Nichtsein kein Widerspruch ist. Also ist es nicht absolut notwendig.

Die Antinomie beruhen vorzüglich darinnen. Aufs erste können wir zwar kommen, aber es nicht erkennen. Wir erkennen die Dinge nur durch ein anderes. Durchs erste kann ich die andern erkennen, aber nicht es selbst, denn wir schauen es nicht an. Unsere Vernunft hat ihre Gültigkeit innerhalb den Schranken der Erfahrung und der Natur. Wir können durch die Vernunft nichts erkennen, als durch den Leitfaden, der Erfahrung und der Moralität.

Zweierlei Arten von Betrachtungen sind in der Metaphysik 1. analytische, 2. synthetische, z. B. der Begriff der Substanz und des Accidens ist analytisch. – Wenn man den analytischen Teil ganz absondern möchte, wäre es sehr gut, es wäre ein Lexikon der reinen Vernunft. Der andere Teil enthält synthetische Sätze, welche meine Erkenntnis erweitern. Z. B. wenn ich sage, alle Körper sind schwer.

Den ganzen analytischen Teil gehen wir über, ein jeder kann darin vor sich arbeiten. Der analytische Teil würde Definitionen meiner Begriffe enthalten, aber der synthetische ist eine neue Akquisition von Erkenntnissen.

Synthetische Sätze in Ansehung der Größe:

a) Ist eine unendliche Größe möglich.

b) Ist eine jede Größe ins Unendliche teilbar.

Die erste Frage ist, „gibt es eine unendliche Größe?" Es gibt verschiedene Begriffe vom Unendlichen, e.g. das real unendliche Wesen, was alle Wesen in sich fasst. – Mathematischer Begriff. Alle Größen können wir schätzen, wenn wir sie mit einem kleineren Maß vergleichen, wovon das Maß die Einheit ist. –

2. Il n'y a pas d'être nécessaire. L'existence d'un être est telle que sa non-existence n'est pas une contradiction. Il n'est donc pas absolument nécessaire.

C'est sur cela que reposent principalement les antinomies. Nous pouvons bien arriver à un premier être, mais non le connaître. Nous ne connaissons les choses que par d'autres choses. Par le premier être, je peux bien connaître les autres, mais non lui-même, car nous n'en avons pas d'intuition. Notre raison n'a de validité qu'à l'intérieur des bornes de l'expérience et de la nature. Nous ne pouvons rien connaître par la raison sans suivre le fil conducteur de l'expérience et de la moralité.

Il y a deux sortes de considérations en métaphysique : 1. analytiques et 2. synthétiques ; par exemple le concept de la substance et de l'accident est analytique. – Ce serait très bien de séparer complètement la partie analytique : elle serait un lexique de la raison pure[84]. L'autre partie contient des propositions synthétiques, lesquelles augmentent ma connaissance. Par exemple, lorsque je dis que tous les corps sont pesants.

Nous passons sur toute la partie analytique, que chacun peut approfondir de lui-même[85]. La partie analytique doit contenir les définitions de mes concepts, mais la partie synthétique concerne l'acquisition de nouvelles connaissances.

Propositions synthétiques, relativement à la grandeur[86] :

a) Une grandeur infinie est-elle possible ?

b) Toute grandeur est-elle infiniment divisible ?

La première question est : « Y a-t-il une grandeur infinie ? ». Il y a différents concepts de l'infini, par exemple celui d'un être infini réel qui contient en lui tous les êtres. – Et le concept mathématique : nous pouvons évaluer toutes les grandeurs quand nous les comparons à une mesure plus petite, qui est l'unité. –

1. Ob eine unendliche Größe von mir bestimmt gedacht werden kann? Nein, denn niemals kann eine Größe bestimmt gedacht werden, außer wenn sie sich durch eine Zahl bestimmen lässt.

Unendlich ist eine Größe, wenn sie im Verhältnis auf eine Einheit größer ist als alle Zahl. Für uns haben wir keine Mittel sie uns | bestimmt vorzustellen. Wenn wir diese subjektive Unmöglichkeit für eine objektive halten, so entsteht daraus das vitium subreptionis.

2. Ist eine unendliche Größe an sich selbst möglich? Erstens fragen wir, ob eine unendliche Zusammensetzung möglich sei, zweitens ist eine Teilung einer Größe ins Unendliche möglich? Die Größe als ein Quantum ist ins Unendliche teilbar, wenn sie aber als ein Aggregat gedacht wird, dass die Teile vor der Zusammensetzung waren, so ist sie es nicht. Alles in der Welt wird mir als ein Ganzes gegeben, auch der kleinste Sonnenstaub. Aber durch den inneren Sinn, die Teile z. B. Ich und überhaupt die denkenden Wesen.

Die körperliche Welt besteht nicht aus einfachen Teilen, weil mir das Ganze eher gegeben ist. Weil die Körper uns nur vermittelst des Raumes gegeben werden, so sind sie auch wie der Raum bis ins Unendliche teilbar. Nun folgt das Endliche und Unendliche im realen Verstand.

1. Das Unendliche im realen Verstand ist das, [was] alle Wesen, alle Realitäten omnitudinem in sich enthält.

2. Das Endliche, [was] nur einige Realitäten hat. Ein jedes Ding hat Realitäten. Dessen Denken ist eine Aufhebung, das Nichtsein einiger Realitäten.

1. Puis-je penser une grandeur infinie comme déterminée par moi ? Non, car une grandeur ne peut jamais être pensée comme déterminée, à moins qu'elle ne se laisse déterminer par un nombre.

Une grandeur est infinie si elle est, relativement à une unité, plus grande que tout nombre. Mais nous n'avons aucun moyen de nous la représenter comme déterminée. | Si nous tenons cette impossibilité subjective pour objective, il en résulte un vice de subreption [87].

42

2. Une grandeur infinie est-elle en soi possible ? Demandons-nous, en un premier sens, si une composition infinie est possible et, en un second sens, si la division d'une grandeur est possible à l'infini ? Une grandeur en tant que quantité est divisible à l'infini, mais si on la pense comme un agrégat dont les parties précédent le tout, alors elle ne l'est pas. Tout dans le monde m'est donné comme une totalité, même la plus petite poussière de soleil. Et c'est par le sens interne que me sont données les parties, par exemple moi et les êtres pensants en général.

Le monde corporel n'est pas constitué de parties simples, parce que le tout m'est donné en premier. Et parce que les corps ne nous sont donnés que dans l'espace, ils sont, comme l'espace, divisibles à l'infini. Le sens réel du fini et de l'infini en découle :

1. L'infini au sens réel est ce qui contient en soi tous les êtres, toutes les réalités dans leur intégralité.

2. Le fini est ce qui ne contient que quelques réalités. Chaque chose contient des réalités. La pensée de ce qui est fini est la suppression ou le non-être de certaines réalités.

VON DEN MONADEN

In der körperlichen Welt haben wir keine Ursache uns einfache Teile zu denken. Die Körper als Erscheinungen bestehen nicht aus Monaden, als Substanz mögen sie es wohl sein. Was der Erscheinung zu Grunde liegt, das substratum phaenomenorum, ist Substanz. Was der Welt als einem toto zum Grunde liegt, besteht aus einfachen Teilen. Der Begriff der Monaden muss billig nur auf denkende Wesen appliziert werden.

Die Gegenstände der reinen Vernunft müssen in Verknüpfung und Beziehung mit der Natur sein und diese Gegenstände sind

1. die Ursache der Welt,
2. was nach ihr folgt.

Diese beiden machen die Grenzen dieser Welt aus, und gehören in die Metaphysik. Daher ist es auch verständlich, warum die Metaphysik nichts aus der Erfahrung entlehnt. Gott und eine andere Welt sind ihr Gegenstand. Dass die
43 Metaphysik gar keinen anderen Nutzen | und Absicht hat, als diese, ist leicht einzusehen, denn in der Physik etc. brauche ich keine Metaphysik, keine Philosophie der reinen Vernunft. Sie ist nur dazu dienlich uns fortzuhelfen, wenn wir uns über die Natur erheben; und das ist Gott und eine andere Welt. In der Metaphysik zielt alles dahin ab; diese beiden Begriffe sind auch ganz unzertrennlich. Die metaphysischen Betrachtungen handeln nur von Gegenständen außer der Welt nur insofern sie eine Beziehung auf diese Welt haben. Wenn zwei Dinge ein Verhältnis, über dem aber keine Ähnlichkeit mit einander haben, so ist das Analogie. Ich werde mir also auch Gott und eine andere Welt nur in der Analogie mit dieser Welt denken. Die Metaphysik wird uns also keinen absoluten, sondern einen

SUR LES MONADES

Dans le monde corporel, nous n'avons aucune raison de penser des parties simples. Les corps en tant que phénomènes ne sont pas constitués de monades, bien qu'ils puissent l'être en tant que substances. Ce qui est au fondement du phénomène, le *substratum phaenomenorum*, est une substance. Ce qui est au fondement du monde comme totalité est composé de parties simples. Le concept de monade doit être en toute rigueur appliqué aux seuls êtres pensants.

Les objets de la raison pure doivent avoir une liaison et être en rapport à la nature, et ces objets sont :

1. la cause du monde,

2. ce qui en suit.

Ces deux objets déterminent les limites de ce monde, et relèvent de la métaphysique. Il devient ainsi compréhensible pourquoi la métaphysique n'emprunte rien à l'expérience. Son objet est Dieu et un autre monde. Que la métaphysique n'ait absolument aucune autre utilité | ni intention que celle-ci est **43** facile à comprendre, puisqu'en physique, etc. je n'ai besoin d'aucune métaphysique, d'aucune philosophie de la raison pure. Elle ne sert qu'à nous soutenir lorsque nous nous élevons au-delà de la nature ; et tels sont Dieu et un autre monde. Dans la métaphysique, tout converge vers ces deux concepts qui sont absolument indissociables. Les considérations métaphysiques ne traitent des objets en dehors du monde qu'en tant qu'ils ont un rapport avec ce monde. Lorsque deux choses sont en relation, sans avoir de ressemblance l'une avec l'autre, alors c'est une analogie[88]. Je ne penserai également Dieu et un autre monde que par analogie avec ce monde. La métaphysique ne nous donnera aucun concept absolu de Dieu, mais un concept

Begriff von Gott in Analogie mit dieser Welt geben. Sie hat auch nur einen negativen Nutzen, und dient dazu uns von dem Frevel und den Eingriffen der Vernünftelei zu sichern. Ihr Nutzen beruht auf etwas praktischem.

Können wir glücklich sein und wie müssen wir uns verhalten, um dessen würdig zu werden? Wenn wir die moralische Gesetze als für sich selbst und absolut evident ansehen, so ist die zweite Frage: auf welche Art darf ich hoffen glücklich zu sein, wenn ich mich so verhalte? – Die moralische Maximen zeigen, wie ich der Glückseeligkeit würdig werden kann und die pragmatische, wie ich ihrer teilhaftig werden soll. Wir dürften nicht außerhalb der Grenzen der Natur gehen, wenn nicht die Bedingungen glücklich zu werden und der Glückseeligkeit teilhaftig zu werden, verschieden waren. – Meine Glückseeligkeit ist nicht gesichert, wenn sie auf Regeln der Geschicklichkeit gebaut ist. Bei unserer Glückseeligkeit kommt uns immer der Gedanke ein, ob wir auch ihrer würdig sein. Die Moral, die uns lehrt, der Glückseeligkeit würdig zu sein, ihrer teilhaftig zu werden, ist eine Lehre der Geschicklichkeit. Die Metaphysik verbindet sie beide. Es ist nicht möglich, die Regeln der Klugheit und der Sittlichkeit zu trennen. Es ist kein natürlicher Zusammenhang zwischen dem Wohlverhalten und der Glückseeligkeit. Wer sich wohl verhalten will, handle wie Socrates, und wer glücklich sein will, wie Caesar etc. Um das Wohlverhalten mit der Glückseeligkeit zu verbinden, muss man solches dadurch tun, dass man ein höchstes Wesen annimmt. Wenn wir ein solches Wesen nicht annehmen, so handelt man entweder als ein Tor oder als ein Bösewicht. –

Das Dasein Gottes ist:

1. eine notwendige praktische Hypothesis,

44 | 2. ist's auch eine notwendige theoretische Hypothesis.

de Dieu par analogie avec ce monde. Elle n'a ainsi qu'une utilité négative, et ne sert qu'à nous protéger des abus et des assauts de la ratiocination. Son utilité est pratique.

Pouvons-nous être heureux et comment devons-nous nous comporter pour en être digne ? Si nous considérons les lois morales comme en soi et absolument évidentes, alors la question devient : de quelle manière puis-je espérer être heureux si j'agis selon elles ? – Les maximes morales montrent comment je peux être digne du bonheur, et les maximes pragmatiques comment je peux y participer. Il n'y aurait pas à sortir des limites de la nature, si les conditions pour être heureux et participer au bonheur n'étaient différentes [des conditions sous lesquelles on est digne d'être heureux]. – Mon bonheur n'est pas assuré s'il repose sur des règles de l'habileté. Concernant notre bonheur, il faut toujours se demander si on en est également digne. La morale qui nous enseigne à être digne du bonheur et à y participer est une doctrine de l'habileté. La métaphysique réunit les deux. [Il n'est pas possible de séparer les règles de la prudence et de la moralité[89].] Il n'y a aucun lien naturel entre la bonne conduite et le bonheur. Qui veut bien se conduire agit comme Socrate, et qui veut être heureux agit comme César, etc. Pour relier la bonne conduite au bonheur, il faut supposer un être suprême. Si nous ne supposons pas un tel être, alors on agit soit comme un fou soit comme un vaurien. –

L'existence de Dieu est :

1. une hypothèse pratique nécessaire,

| 2. et également une hypothèse théorique nécessaire ;   **44**

Auch selbst wenn ich es nicht beweisen kann. Wir können mit unserer Vernunft a priori nichts ausmachen, als wie wir unseren Verstand in Ansehung der Gegenstände gebrauchen sollen. Ich habe eine notwendige Hypothesis nötig, wie ich mich der Vernunft in Ansehung der Gegenstände der Welt bedienen soll. Das ist das höchste Wesen. Ohne dieses kann ich keine Zwecke in der Welt finden, keine Einheit des Weltganzen. Die Annehmung des höchsten Wesens ist eine notwendige theoretische Hypothesis, ohne die ich keinen Punkt habe, wo ich anfangen soll, nichts was mich leitet, wenn ich außerhalb der Grenzen dieser Welt gehe. – Die Menschen bedienen ihrer Vernunft sich a priori, zum Nachteil des praktischen Gebrauchs, wenn sie nicht durch künstliche Schranken zurück gehalten werden. Die Metaphysik muss solchen Frevel steuern. Dies kann ich nicht tun, wenn ich mit meiner eigenen Vernunft dogmatisiere. Die Metaphysik muss kritisieren, ihr Gebrauch ist negativ, sie lehrt uns ganz und gar nichts.

EMPIRISCHE PSYCHOLOGIE

Wir haben zwei Sinne und also auch zweierlei Naturwissenschaften. Die empirische Psychologie oder Anthropologie ist von einem so großen Nutzen, dass man sicher glauben kann, die Erziehung werde mangelhaft bleiben, so lange diese Wissenschaft nicht ex professo traktiert wird, sie wird nicht eher zu ihrer Vollkommenheit kommen, wofern sie nicht gleichsam zunftmäßig auf Akademien gelehrt wird. Ich kann zwar nur mit mir selbst Beobachtungen anstellen, aber nach der Analogie der Kennzeichen der Übereinstimmung kann ich auch auf andere schließen. Die äußern Gegenstände kann ich aus den Erscheinungen kennen, andere Menschen aber nur aus der Analogie mit mir. Erst muss ich mich kennen.

même si je ne peux pas la démontrer. Nous ne pouvons rien déterminer *a priori* par notre raison qu'en tant que nous devons employer notre entendement relativement aux objets. J'ai besoin d'une hypothèse nécessaire pour pouvoir me servir de la raison relativement aux objets du monde. C'est l'être suprême. Sans lui, je ne peux trouver aucun but dans le monde, ni aucune unité dans l'univers. La supposition de l'être suprême est une hypothèse théorique nécessaire, sans laquelle je n'ai aucun point par où commencer, ni rien pour me guider lorsque je dépasse les limites de ce monde. – Si on ne les contient pas à l'intérieur de bornes établies, les hommes se servent *a priori* de leur raison, au détriment de l'usage pratique[90]. La métaphysique doit contrôler de tels abus, ce que je ne peux faire si je dogmatise avec ma propre raison. La métaphysique doit être critique, son usage est négatif, elle ne nous enseigne strictement rien.

PSYCHOLOGIE EMPIRIQUE

Nous avons deux sens, et ainsi deux sortes de sciences de la nature. La psychologie empirique ou anthropologie est d'une si grande utilité que l'on peut assurément croire que toute éducation restera imparfaite tant que cette science ne sera pas traitée *ex professo*, et celle-ci ne parviendra pas à sa perfection avant qu'elle ne soit en même temps enseignée par des spécialistes dans les académies[91]. Il est vrai que je ne peux faire des observations que sur moi-même, mais je peux aussi l'inférer des autres par une analogie portant sur ce qui a des traits concordants. Je peux connaître les objets extérieurs à partir des phénomènes, mais je ne connais les autres hommes que par analogie avec moi-même. Il faut d'abord que je me connaisse.

Das erste, was ich bei mir gewahr werde, ist das Bewusstsein. Dies ist kein besonderes Denken, sondern dasjenige, worunter ich die übrigen Vorstellungen etc. bringen kann; es ist die Bedingung und die Form, unter der wir denkende Wesen oder Intelligenzen sind. Alle lebenden Wesen sind entweder substantia bruta repraesentativa, oder intelligentia. Der haupt und beinah der einzige Unterschied zwischen Tieren und Menschen, ist das Bewusstsein, aber der ist auch so groß, dass er durch nichts ersetzt werden kann.

45 Viele Tiere handeln | und bauen so künstlich, dass sie dem Menschen sehr gleich kommen, aber alles ohne Bewusstsein.

Die Grund Kräfte der Seele sind:

1) Das Erkenntnisvermögen ist 1. sinnlich 2. intellektuell dieses a) entweder bei Gelegenheit der Sinne b) oder ohne das;

2) das Gefühl der Lust und Unlust;

3) Begierde, das Vermögen seine Kräfte gemäß einer vorhergesehenen Lust oder Unlust zu determinieren.

– Alle drei werden in sensitive und intellectuale eingeteilt. – Die Sinnlichkeit besteht in der Rezeptivität oder der Fähigkeit zu leiden, die Intellektualität besteht in der Spontaneität.

La première chose que j'aperçois en moi est la conscience. Celle-ci n'est pas une pensée particulière, mais ce sous quoi je peux ramener toutes les autres représentations : elle est la condition et la forme sous laquelle nous sommes des êtres pensants ou intelligences. Tous les êtres vivants sont soit des substances brutes représentatives (*substantia bruta repraesentativa*), soit des intelligences (*intelligentia*). La différence principale et presque l'unique différence entre l'homme et l'animal est la conscience, mais la différence est si grande que rien ne peut la compenser. De nombreux animaux agissent | et **45** construisent de manière si artificielle qu'ils se rapprochent fortement des hommes, mais ils font tout cela sans conscience.

Les facultés fondamentales de l'âme sont :

1) le pouvoir de connaître, qui est 1. sensible, 2. intellectuel, et celui-ci a) soit à l'occasion des sens b) soit indépendamment ;

2) le sentiment de plaisir et de déplaisir ;

3) les désirs, à savoir le pouvoir de déterminer ses forces selon un plaisir ou un déplaisir prédéterminé.

– Les trois sont divisés en sensibles et intellectuels. – La sensibilité consiste dans la réceptivité, ou dans la capacité de recevoir, l'intelligence consiste dans la spontanéité.

NOTES DU TRADUCTEUR

1. Nous corrigeons le texte de l'Académie qui lit « si j'ai une idée » (*wenn ich eine Idee*), et que nous proposons de remplacer par la tournure négative « si je n'ai pas d'idée » (*wenn ich keine Idee*). En effet, la tournure affirmative (« si j'ai *a priori* une idée du tout, alors le tout est contingent ») contredit littéralement la phrase précédente où Kant affirme qu'une idée du tout doit précéder toute science, ce qui nous semble justifier la correction. Ceci dit, la lecture affirmative ne peut être écartée avec certitude, et on peut même essayer d'en rendre raison. En effet, il y a un tout contingent lorsque, par exemple, le tout est déduit de la coordination des parties ; et non lorsqu'il est la forme *a priori* de subordination des parties. Dans ce cas, on pourrait penser une idée *a priori* de ce tout contingent comme l'idée que l'on se ferait de la coordination des parties. Nous ne donnons cependant pas notre préférence à cette lecture puisqu'elle est à la fois peu explicite, d'allure peu kantienne, et suppose une prise de notes très lacunaire là où il n'y a sans doute qu'une simple coquille.

2. Nous traduisons dans ce paragraphe *Gelahrtheit* par instruction, *Polyhistorie* par érudition, et *Pansophie* par savoir universel. Conséquemment, le *Gelehrter* désigne celui qui est instruit (c'est-à-dire celui qui a des connaissances historiques, ou des connaissances *ex data*), le *Polyhistor* désigne l'érudit (celui qui a beaucoup de connaissances historiques), et le *Pansophus* désigne le savant universel (celui qui connaît la totalité des sciences rationnelles). Des premiers au dernier, Kant ne pense pas une gradation dans l'étendue des connaissances, mais une différence de nature entre les sciences historiques (instruction et érudition) et les sciences rationnelles (pansophie, ou savoir

universel). Le fait que Kant désigne *ici* les seules connaissances rationnelles comme pansophie – dont le nom même semble pourtant faire référence à l'ensemble des connaissances – peut être compris par le caractère universel (*pan*) des connaissances rationnelles, que l'on peut opposer au caractère particulier ou singulier des connaissances historiques. Le terme de *Gelahrtheit*, ou *Gelehrtsamkeit*, a habituellement le sens de « savoir », mais aussi celui d'« érudition » – ce qui serait ici équivoque. Aussi, pour maintenir la distinction kantienne, nous réservons le terme d'érudition à *Polyhistorie*, puisque le terme de « polyhistoire » est inusité en français. « Polyhistoire » ne serait, de toute façon, qu'une translittération du grec πολυϊστορία, le fait de savoir beaucoup, d'avoir de grandes connaissances, et correspond ainsi bien à notre *érudition*. En revanche, le terme de *pansophie* est attesté par le Littré, avec le sens de « toute sagesse, science universelle ». Maintenir l'équivoque entre sagesse et science serait ici malheureux puisque Kant va précisément faire une différence entre le savant universel (qui accumule des connaissances spéculatives) et le sage (qui ne s'en contente pas) : *Pansophie* exige donc d'être interprétée comme « savoir universel », plutôt que comme « sagesse ». Cet usage des termes, et particulièrement de *pansophia*, est propre à Kant. En effet, les termes de *polyhistoria* (le mot *polyhistor* désignant dans l'Antiquité des compilateurs des sciences naturelles et des sciences historiques) et de *pansophia* furent longtemps interchangeables dans leur usage et connotés positivement. On les rapporte souvent aux ouvrages « encyclopédiques » qui se proposent de donner des connaissances suffisamment approfondies de toutes les sciences : le *De polymathia tractatio* de J. Wowers (1603), le *Prodromus Pansophiae* de Comenius (1639) et le *Polyhistor literarius, philosophicus et praticus* de D.G. Morhof (1681; cf. *Historisches Wörterbuch der Philosophie*, J. Ritter et K. Gründer (eds.), art. « Polyhistorie/Polymathie »). Mais leur usage est beaucoup plus contrasté, et leur objet beaucoup moins valorisé, au XVIIIe siècle : Johann-Heinrich Zedler écrit dans son *Universal-Lexikon* (Leipzig-Halle, 1741) que la *polyhistoria* se disperse dans toutes les sciences, reste superficielle et n'est d'utilité pour personne (vol. 28, p. 1319) alors que la *pansophia* est un abrégé de tous les arts et sciences (vol. 26, p. 582). Kant, lui, ne prend précisément pas le terme de *pansophia* pour un abrégé – ce que doivent au contraire être ses propres leçons sur l'encyclopédie philosophique. Dans la *Logique*, compilée par son élève Jäsche en 1800, les distinctions ne seront cependant plus aussi nettes : « Le savoir historique sans limite déterminée est l'érudition (*Polyhistorie*) : il gonfle l'orgueil. La polymathie se rapporte aux connaissances rationnelles. Les deux

– le savoir historique qui s'étend sans limite déterminée, et le savoir rationnel – peuvent être appelés pansophie. La science des instruments du savoir (*Gelehr-samtkeit*) – la philologie, laquelle embrasse une connaissance critique des livres et des langues (littérature et linguistique) – fait partie de la science historique » (AA 9, 45). Kant retrouve alors une critique classique des philosophes envers la *polymathie* (dès Héraclite, fragment 40), à laquelle ils préfèrent la *philomathie* (*cf.* Platon, *République*, VI, 485).

3. Nous corrigeons le texte de l'Académie, qui laisse « philosophie » au lieu de « philologie ».

4. Le latin classique oppose le *litterator*, ou demi-savant, du *litteratus*, qui est instruit des lettres (*cf.* Suétone, *De grammaticis*, 4).

5. La distinction, qui sera constante chez Kant, entre la synthèse arbitraire des concepts en mathématiques et l'analyse des concepts donnés en philosophie se trouve déjà dans la *Recherche sur l'évidence des principes de la théologie naturelle et de la morale* de 1763 (*cf.* AA 2, 276-78).

6. Le terme d'encyclopédie n'apparaît que trois fois dans les textes publiés par Kant : dans la doctrine de la méthode de la faculté de juger téléologique (« Toute science doit avoir une place déterminée dans l'encyclopédie de toutes les sciences », *Critique de la faculté de juger*, § 79, AA 5, 416) ; dans la géographie physique, où il est rappelé que l'idée architectonique du tout précède les parties dans toute science (AA 9, 158) ; et dans la *Logique* où il faut « déterminer la place que prend notre science dans l'horizon de toute la connaissance, ce à quoi l'encyclopédie universelle peut servir en tant que carte universelle (*Mappe-Monde*) des sciences » (AA 9, 43). Dans les trois cas, l'encyclopédie se comprend comme le système de toutes les sciences, et par conséquent comme l'horizon de toutes les connaissances humaines. Or dans les *Leçons*, Kant emploie encyclopédie pour le système régional de la philosophie – on pourrait dire aussi : pour le système des sciences philosophiques. Bien plus tard, dans les feuilles dites de l'*Opus posthumum*, l'usage du terme d'encyclopédie sera au contraire associé à un agrégat empirique, auquel il faut opposer la systématicité de la philosophie transcendantale (*cf.* AA 21, 96-110).

7. La philosophie doit être distinguée de l'imitation en tant que celle-ci, même parfaite, ne fait que répéter un modèle premier (plus loin, Kant dit : *Urbild ohne Fehler*, un modèle sans défaut) dont elle ne fait que redonner une image, une copie (*Bild*). Le problème n'est pas que l'imitation *répète* les mêmes propositions (en ce cas, le philosophe devrait toujours chercher à être original – ce dont Kant se méfie explicitement par la suite), mais qu'elle ne les *repense*

pas, c'est-à-dire qu'elle ne les pense pas pour son propre compte. La distinction entre philosophie et imitation est un lieu commun des précis de philosophie : citons par exemple Terrasson, auquel Kant renvoie parfois, pour qui « la philosophie est aussi contraire aux Idoles de l'admiration, qu'à celles de la superstition » (*La philosophie applicable à tous les objets de l'esprit et de la raison*, Paris, Prault & Fils, 1554, p. 3 – et dont Kant possédait un exemplaire de la traduction allemande, *Philosophie nach ihrem allgemeinen Einfluss auf alle Gegenstände des Geistes und der Sitten*, Leipzig, 1756).

8. Cette phrase peut être rapprochée d'une des célèbres formules de la *Critique de la raison pure* selon laquelle on peut « comprendre un auteur mieux qu'il ne s'est compris lui-même en déterminant insuffisamment son concept et en parlant ou même en pensant parfois à l'encontre de ce qui était son intention propre » (A 314 / B 370). Comprendre un auteur, c'est en réalité l'expliquer, déplier l'ordre des raisons qu'il expose, expliciter les concepts selon les caractères qu'il en donne; mais comprendre un auteur mieux qu'il ne s'est compris lui-même, c'est comprendre la chose même et non le texte, c'est avoir conscience d'autres caractères du concept donné, c'est resituer le sens des concepts par rapport aux problèmes précis qui les suscitent.

9. Nous suivons ici la correction proposée par G. Tonelli (1962, p. 513) et lisons *kein Lehrer* au lieu de *ein Lehrer*. Gehrard Lehmann maintient en 1980 la leçon *ein Lehrer*, ce qui donne la phrase d'allure peu kantienne dans le contexte : « Un maître de philosophie peut être parfait, même s'il n'a fait qu'apprendre la philosophie par cœur ».

10. Le philosophe, comme celui qui peut donner un modèle premier parfait (*Urbild ohne Fehler*), se distingue de l'imitateur qui ne donne qu'une copie parfaite (*Bild ohne Fehler*).

11. C'est la seule occurrence du terme de *tribunal*, en français, dans le corpus kantien. L'expression de *tribunal de la raison* (en allemand, *Gerichtshof der Vernunft*) sera récurrente dans la *Critique de la raison pure* (voir, dès la préface de la première édition, en A XI; puis en A 501/B 529, A 669/B 697, A 740/B 768, A 751/B 779, A 787, B 815). L'idée – et l'image – remontent aux tout premiers textes de Kant : dès l'*Estimation des forces vives* de 1747, il est question de tribunal des sciences (*Richterstuhl der Wissenschaften*, AA 01, 08); et dans la *Suite de la considération sur les tremblements de terre* de 1756, il est pour la première fois question de tribunal de la raison (*Richterstuhl der Vernunft*, AA 01, 469). On remarquera cependant que l'expression est prise dans les textes cités au sens du génétif subjectif (la raison comprise comme

tribunal), alors qu'elle est ici prise au sens du génétif objectif (la philosophie est le tribunal de la raison, c'est-à-dire qu'elle juge de la raison elle-même).

12. Le technicien de la raison (*Vernunftkünstler*) est parfois traduit par « artiste de la raison », ce qui est tout à fait légitime si l'on entend, comme au XVIIIe siècle, qu'un artiste n'est pas seulement celui qui s'occupe d'art (au sens restreint des beaux-arts) mais peut aussi s'occuper des arts (au sens des techniques). Le contexte du passage, et l'usage actuel de la langue, nous conduisent à préciser qu'il s'agit d'un *technicien* de la raison. En d'autres textes, la distinction entre les *normes* (du technicien) et les *maximes* (du législateur) est remplacée par celle des *règles* et des *lois* (AA 18, 58). Au contraire du législateur de la raison qui recherche l'utilité, le *Vernunftkünstler* ne fait preuve que d'habileté, il est celui que Socrate appelle philodoxe, « celui qui tend au savoir spéculatif, sans considérer comment le savoir contribue aux fins dernières de la raison humaine » (AA 09, 24).

13. Le terme de *Bestimmung*, qui peut aussi vouloir dire détermination, est ici traduit par destination, ce qui s'accorde au mieux à l'expression de la « destination de l'homme » dans la phrase suivante. Ce passage peut être rapproché de la définition de la philosophie selon son concept cosmique (c'est-à-dire son concept pour tout le monde) dans la *Critique de la raison pure* : « Dans cette optique, la philosophie est la science du rapport entre toute connaissance et les fins essentielles de la raison humaine (*teleologia rationis humanae*), et le philosophe n'est alors pas un technicien de la raison, mais le législateur de la raison humaine. Selon une telle acception, il serait très vaniteux de se donner à soi-même le nom de philosophe et de se faire fort d'être parvenu à rejoindre le modèle, lequel ne réside que dans l'Idée » (A 839 / B 867).

14. Christian Wolff (1659-1754) est l'auteur d'une œuvre considérable par laquelle il voulut, d'une part, mettre en système la philosophie de Leibniz telle qu'il la recevait, et d'autre part l'exprimer dans un système complet de philosophie : logique, métaphysique générale (ontologie), métaphysique spéciale (cosmologie rationnelle, psychologie empirique et rationnelle, théologie naturelle), mathématique, physique, philosophie morale, droit, politique, économie. Le courant wolffien était largement dominant dans l'enseignement universitaire en Allemagne (même si les Académies étaient partagées entre les « leibnizo-wolffiens », les newtoniens, et les disciples de Crusius). Pour Kant, ici, l'encyclopédisme de Wolff contient bien des connaissances spéculatives (et il se servait lui-même des manuels de Wolff dans ses cours), mais il n'est pas architectonique, c'est-à-dire qu'il n'est pas fondé sur une véritable idée de

système. Dans la *Critique de la raison pure*, Kant caractérisera l'architectonique comme l'art des systèmes : « Puisque l'unité systématique est ce qui,
simplement, transforme une connaissance commune en science, c'est-à-dire ce
qui, d'un simple agrégat, fait un système, l'architectonique est donc la doctrine
de ce qu'il y a de scientifique dans notre connaissance en général » (A 832 /
B 860).

15. Allusion à la distinction entre science (*episteme*) et sagesse (*sophia*)
introduite par Platon contre les Sophistes, particulièrement dans le *Théétète*
(145e *sq.*).

16. *Cf.* Cicéron, *Tusculanes*, 5, 4, 10 : « Socrate fut le premier qui fit, pour
ainsi dire, descendre la vraie philosophie du ciel, et l'introduisit, non seulement
dans les villes, mais jusque dans les maisons, en faisant que tout le monde
discourût sur ce qui peut servir à régler la vie, à former les mœurs, et à distinguer
ce qui est bien, ce qui est mal » (trad. fr. M. Nisard, Paris, Dubochet, 1841).

17. *Der den Weg der Tugend mit Blumen bestreute*, littéralement : qui
joncha de fleurs le chemin de la vertu, c'est-à-dire qu'Épicure recommandait la
voie de la vertu, et non celle du plaisir, selon le préjugé tenace qu'évoque Kant
dans la suite. Dans des notes manuscrites de 1776-1778, Kant écrit qu'« Épicure
voulait mener à la vertu » et « enseignait à rechercher le bonheur, sans la
condition particulière d'en être digne » (*Refl.* 6827, AA 19, 174 ; et *Refl.* 6894,
AA 19, 197).

18. Kant fait référence à la *Lettre à Ménécée* d'Épicure (transmise par
Diogène Laërce, *Vies, doctrines et sentences des philosophes illustres*, X).

19. Là encore, Kant fait référence à ce que Diogène Laërce transmet de
Diogène le Cynique (*Vies, doctrines et sentences des philosophes illustres*, VI).

20. Le terme de *Schwärmerei* désigne souvent chez Kant la divagation de
l'esprit, l'exaltation hors de la raison : plus loin, il parle du *Schwärmer* des
temps actuels, c'est-à-dire de l'*exalté*. Mais dans le contexte présent, il est fait
allusion à la folie divine platonicienne (la *mania theia* du *Phèdre*, 244a-245c),
où le ravissement de la raison est le don de la divinité en soi, c'est-à-dire
littéralement, un en-thousiasme. Nous traduisons dans ce cas *Schwärmerei* par
enthousiasme, et sinon par exaltation.

21. Nous traduisons ici *Sehnsucht* par envie. Dans son sens courant, la
Sehnsucht désigne une attirance puissante pour une chose que l'on ne peut
immédiatement obtenir (*cf.* Johann Heinrich Zedler, *Grosses vollständiges
Universal Lexikon*, Leipzig-Halle, 1743, vol. 36, p. 1325).

22. L'expression de « critique de la raison pure », qui caractérise ici la philosophie transcendantale précédant ou constituant la métaphysique [121] – et qui donnera, comme on sait, son titre au maître-ouvrage de 1781 – est le nom que porte le *projet* de déterminer les sources et les limites de la connaissance purement intellectuelle dès 1772 (*cf.* la lettre de Kant à Marcus Herz du 21 février 1772, AA 10, 132). Mais si la caractérisation de la métaphysique comme « critique de la raison pure » remonte au moins à 1769 (*Refl.* 3964, AA 17, 368), il ne faut pas identifier les différentes déterminations de l'expression, et conclure à une permanence du *concept* de « critique de la raison pure », c'est-à-dire de son contenu effectif. La « critique de la raison pure » des *Leçons* ignore par exemple les catégories au sens de la *Critique de la raison pure*.

23. Dans la division de la philosophie théorique, Kant emploie successivement trois déterminations de la métaphysique. La « métaphysique proprement dite » est la physique rationnelle, c'est-à-dire la partie de la philosophie qui traite rationnellement des objets du sens externe, les corps : nous la désignons comme métaphysique (1). Avec une extension plus large, elle détermine aussi la « physiologie rationnelle » dans son ensemble, c'est-à-dire la doctrine rationnelle du corps, mais aussi de l'âme (psychologie rationnelle) – métaphysique (2). Enfin, en un sens plus large encore, elle rassemble tout ce qui est considéré rationnellement dans la philosophie, et contient alors aussi la philosophie transcendantale – métaphysique (3). Cette dernière reçoit également deux autres noms : celui de « critique de la raison pure » (voir note précédente), et celui d'« ontologie », en tant que l'ontologie ne désigne déjà plus pour Kant la doctrine des propriétés de l'être, en tant qu'elle ne s'occupe plus des genres de l'être ou de ses objets, mais en tant qu'elle « contient seulement des concepts, des lois et des principes de la pensée pure ». Les *Leçons* ne sont plus très loin de la célèbre phrase de la *Critique de la raison pure* : « Le nom orgueilleux d'ontologie doit faire place au nom modeste d'une simple analytique de l'entendement pur » (A 247 / B 304). Cette nouvelle division de la philosophie théorique, qui repose sur la division entre philosophie transcendantale et philosophie qui traite des objets des sens, vient remplacer le « système de la métaphysique » de Christian Wolff : c'est bien parce qu'il méconnaissait cette division que sa philosophie ne pouvait être systématique, mais qu'elle devait s'ordonner selon la diversité des objets (à savoir d'un côté la métaphysique générale ou ontologie ; de l'autre, la métaphysique spéciale, c'est-à-dire, la cosmologie, la théologie et la psychologie rationnelles : voir Christian Wolff, *Discursus praeli-*

minaris de philosophia in genere, 1728, chap. III). Nous pouvons représenter la division kantienne dans le tableau suivant :

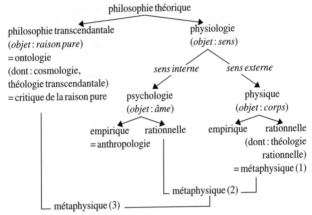

24. La division pratique se superpose en effet à la division théorique, à savoir la division en philosophie pratique transcendantale d'une part (l'usage de la liberté indépendamment de toute condition sensible), et philosophie de la liberté telle qu'elle se donne dans l'expérience, laquelle peut à son tour être divisée en en philosophie pratique rationnelle (et c'est la métaphysique pratique proprement dite, ou métaphysique des mœurs), et en philosophie pratique empirique (ou anthropologie pratique).

25. « Purement techniques » : *zur puren Kunst*. La simple spéculation, isolée de sa destination véritable, est un exercice purement technique, une habileté conceptuelle dont fait preuve le « technicien de la raison » (*cf.* note 12).

26. Allusion probable, quoique libre, au *Protagoras* de Platon, où Socrate s'attaque au maître sophiste qui prétend enseigner la vertu.

27. *Das zweckfreye Talent* : la distinction entre génie et talent n'est pas ici approfondie, si ce n'est que le génie est *originaire*, comme un don naturel, et qu'il est sans finalité, c'est-à-dire qu'il est sans finalité prescrite par avance, comme pourrait l'être un talent exercé selon certaines règles en vue de certaines fins. Dans la suite des *Leçons*, le génie est caractérisé comme la faculté de se donner des règles : « Le génie ne peut se soumettre à aucune règle, parce que les règles proviennent du génie, et ne lui servent que de directive » [103]. Une

distinction plus explicite encore entre le talent, ou habileté à exercer des règles données, et le génie, ou capacité à se donner à soi-même ses règles, sera donnée dans la *Critique de la faculté de juger*, au § 46 : « Le génie est le talent (don naturel) qui donne ses règles à l'art. Puisque le talent, en tant que capacité productive innée à l'artiste, relève lui-même de la nature, on pourrait s'exprimer de la manière suivante : le génie est la disposition d'esprit (*ingenium*) par laquelle la nature donne ses règles à l'art » (AA 5, 307).

28. L'ingéniosité traduit ici *Witz* qui, dans ce contexte, ne désigne pas un trait d'esprit, mais une capacité. Nous renvoyons pour cet usage à la *Critique de la raison pure* (AA 03, 08 ; B VIII) où Kant parle de facultés de connaître comme l'imagination ou l'ingéniosité, « *den verschiedenen Erkenntnißkräften (der Einbildungskraft, dem Witze)* ». Kant donne ailleurs pour *Witz* l'équivalent latin d'*ingenium* (*Anthropologie in pragmatischer Hinsicht*, § 44 ; AA 07, 201). Même si le philosophe fait preuve d'*ingéniosité*, Kant assigne à la pratique de la philosophie un certain *talent*, et non un certain *génie* (bien que, plus haut, Kant a dit en un sens encore non déterminé que « le goût et la philosophie exigent du génie »). Toute cette remarque sur le génie peut être ainsi lue comme une critique du lieu commun, au XVIIIe siècle, sur le type de génie propre à la philosophie, et sur les caractères de l'espèce philosophique. Dans son manuel, Feder concluait ainsi l'analyse des pouvoirs de l'entendement : « Quel génie est le plus propre à la philosophie ? [...] L'activité philosophique exige un entendement pénétrant, de l'imagination, mais pas une imagination déliée ; mais surtout l'amour de la vérité, et une patience infatigable dans sa recherche » (*Grundriß*, II, I, § 4, p. 49-50).

29. Le concept de savoir (*Wissen*) comprend ainsi en lui autant les connaissances historiques que spéculatives, qui étaient distinguées au début. L'exposition de l'idée de la philosophie s'achève ici par un dernier rappel de l'insuffisance des connaissances spéculatives, des constructions de doctrines, et de l'habileté conceptuelle pour définir la philosophie. Ce n'est pas tant, comme chez certains Anciens, que le philosophe doive combiner le savoir théorique (la *sophia*) et la pratique des choses (la *phronesis*) pour être, au sens éminent, un sage (un *spoudaios*). C'est que toutes les connaissances, théoriques ou pratiques, laissent encore « un grand vide » (*eine große Leere*) si elles ne sont pas rapportées aux fins ultimes de la raison. La *Critique de la raison pure* ménagera ainsi une place à cet espace vide : « Je devais mettre de côté le savoir pour avoir une place pour la croyance » (B XXX).

30. C'est par le terme de rectification (*Berichtigung*) que Kant désigne usuellement à la fois la tâche de la logique générale (« La logique ne sert pas à l'élargissement mais au jugement et à la rectification de nos connaissances », *Logique*, AA 09, 13), et celle de la critique (« La critique transcendantale a pour projet non d'élargir les connaissances, mais de les rectifier », *Critique de la raison pure*, A 12 / B 26).

31. La question des idées innées fut ravivée par la publication posthume, en 1765, des *Nouveaux Essais sur l'entendement humain* de Leibniz. Il faut comprendre le dévoilement des idées au sens d'un dépliement ou d'un déploiement de ce qui est déjà là, et non d'une invention de ce qui n'était pas là.

32. Le terme d'apparence (*Apparenzen*), attribué aux Anciens – c'est-à-dire principalement à Platon, qui écrit que « les apparences m'apparaissent ainsi » (*ta phainomena houto phainetai*, *République*, VII, 517a) – est traduit chez Kant par *Erscheinung*, c'est-à-dire phénomène. Autrement dit, l'apparence en question n'a précisément pas le sens courant d'apparence, ou de ce qui ne correspond pas complètement à la réalité, mais désigne ce qui m'apparaît réellement. Dès la *Dissertation* de 1770, Kant définit le phénomène comme l'objet de la sensibilité – l'objet tel qu'il m'apparaît – et le distingue du noumène comme ce qui n'est connu que par l'intelligence – l'objet tel qu'il est en soi (§ 3).

33. Cette fois-ci, apparence traduit *Schein*, c'est-à-dire ce dont l'aspect ne correspond pas à la réalité. Que les phénomènes sensibles ne soient que des apparitions des choses (*Erscheinung*) ne veut pas dire qu'il n'en sont que des apparences trompeuses, et donc non susceptibles de propositions vraies.

34. La distinction de l'intuition sensible (humaine) et de l'intuition intellectuelle (réservée à Dieu, et dont se targuent les mystiques, c'est-à-dire les exaltés) était déjà au cœur de la *Dissertation de 1770*, où Kant reconduisait l'opinion de Malebranche selon laquelle nous voyons tout en Dieu à la « haute mer des recherches mystiques » (§ 22).

35. *Cf.* Platon, *Phèdre*, 248-250.

36. La doctrine platonicienne de la réminiscence est exposée dans le *Ménon*, 81a-d, 85b-86c et dans le *Phédon*, 74a-75c.

37. Leibniz n'est jamais mentionné dans tout ce développement sur les « concepts innés », mais il est évidemment directement visé par celui-ci. Dans la *Dissertation de 1770*, dont le titre est directement anti-leibnizien (*Sur la forme et les principes du monde sensible et du monde intelligible*), Kant appelle déjà paresseuse la philosophie des concepts innés (§ 5, corollaire).

38. Nous traduisons *Urbild* par archétype, en tant qu'il concerne ici des idées (*cf.* aussi A 313 / B 370); et afin de le distinguer de l'idéal, du modèle (*Urbild*) du philosophe dont Kant a parlé plus haut.

39. *Das Gemeingültige unserer Vorstellungen*: littéralement, ce qui est communément valable pour toutes nos représentations. Il faut comprendre qu'un concept est toujours un concept commun à des représentations, c'est-à-dire qu'il remplit une fonction logique d'unification. Cf. *Refl.* 4638 (1771-1776): «Des concepts communs (*gemeingültige*) ont une fonction logique parmi les concepts. [...] La fonction logique déterminée d'une représentation en général est un pur concept de l'entendement» (AA 17, 620).

40. Le caractère d'inoxydabilité ne peut être ajouté au concept d'or qu'après vérification expérimentale.

41. L'analyse des concepts philosophiques consiste en la clarification des caractères contenus en eux, c'est-à-dire dans la clarification des caractères dont nous avons conscience dans les concepts. Comme on ne peut jamais être certain de les avoir tous détaillés, l'analyse est infinie, et leur précision ou leur complétude ne sont donc suffisantes que relativement aux autres concepts : la précision est suffisante relativement aux concepts coordonnés, la complétude est suffisante relativement aux concepts subordonnés. Ainsi, lorsque l'on réfléchit aux concepts de la morale, comme par exemple au concept de droit, on trouve qu'il «est tout d'abord contenu dans le concept de vertu – [dans lequel on découvre] la légalité des actions, puis la légalité des bonnes actions et enfin leur liberté» (*Logik Dohna-Wundlacken*, AA 24, 758). Sur toutes ces questions, très détaillées dans les nombreux cours de logique de Kant, nous nous permettons de renvoyer à notre étude sur «La théorie kantienne de la définition dans les *Leçons de logique*» (Pelletier, 2005).

42. En toute rigueur, on dit qu'un raisonnement (ou une inférence) est immédiat(e) lorsque la conclusion se tire d'une seule prémisse soit par opposition, conversion, obversion ou par contraposition. Ainsi, de la proposition «tous les hommes sont mortels», on tire immédiatement par contraposition «tous les immortels ne sont pas des hommes». Mais ici Kant appelle immédiat le raisonnement «qui est contenu dans les termes eux-mêmes», par quoi il fait peut être allusion à une inclusion des concepts : par exemple de «Kant est prussien», on tire immédiatement «Kant est européen». Une inférence est médiate si la conclusion se tire de deux ou plusieurs prémisses : dans la suite Kant donne pour exemple de raisonnement médiat un syllogisme catégorique

(« Tout ce qui est simple est incorruptible ; l'âme est simple ; donc l'âme est incorruptible »).

43. Kant fait sans doute allusion au texte de Johann Georg Jacobi, *Über die Wahrheit nebst einigen Liedern* (Düsseldorf, 1771) – Sur la vérité, suivi de quelques chants – qui commence ainsi : « Voltaire pourrait-il avoir raison dans son château de Ferney ? Il voyage par tous les pays de la terre ; parcourt toutes les histoires des peuples et des philosophes ; examine toutes les religions, lois, usages et systèmes ; revient au temps de sa jeunesse ; embrasse les plus beaux jours de sa renommée, et le cercle de ses anciens amis et aimés ; se rappelle chaque plaisir goûté ; raconte ce qu'il a vu, entendu, lu, ressenti ou rêvé ; et nous donne en fin de compte à comprendre que la vérité est, parmi les hommes, un nom assez vide » (p. 9, nous traduisons). Le texte indique par la suite que la vérité est revendiquée par une diversité de coutumes, de religions ou de préjugés ; ce qui n'est pas tout à fait poser le problème d'un critère universel de la vérité.

44. *Merkmal der Wahrheit* : le critère de la vérité n'est donc pas dans le *caractère* de la comparaison de la connaissance avec son objet, mais dans celui de la comparaison de la connaissance avec les lois de l'entendement et de la raison.

45. Trace de l'oralité du cours, ce paragraphe répète en grande partie le précédent.

46. C'est dans la célèbre lettre à Marcus Herz du 21 février 1772 que Kant pose conjointement la question de la possibilité d'une représentation de l'objet et celle des limites de l'entendement, c'est-à-dire aussi des limites de la méta-physique qu'il faut redéfinir comme critique (AA 10, 129 *sq.* ; *Correspondance*, p. 94 *sq.*). Dans la *Dissertation de 1770*, il abordait bien la question des limites de la sensibilité (et le problème de la contamination des connaissances intellec-tuelles par les connaissances sensibles), mais non encore la question des limites de l'entendement : si les représentations issues des sens n'avaient de validité que pour le monde sensible, les concepts purs de l'entendement gardaient leur validité dans le monde sensible et dans le monde intelligible – c'est-à-dire que Kant admettait alors une connaissance par simples concepts. Ce sera préci-sément le rôle de la *Critique de la raison pure* que de déterminer la limite, pour l'entendement, entre connaître et penser. Sur ce point, voir notre introduction à la *Dissertation de 1770* (Paris, Vrin, 2007), p. 46-52.

47. Sur la traduction d'ingéniosité, voir la note 28.

48. L'exemple de l'appréhension successive du divers phénoménal d'une maison est donné dans la *Critique de la raison pure* (A 190 / B 235). Ce qui est appelé ici «idée de la maison» est à proprement parler une représentation empirique de la maison, qui diffère non seulement de chacun des phénomènes pris un à un, mais aussi du jugement provisoire que l'on pouvait se faire sur celle-ci.

49. La différence entre le préjugé et le jugement provisoire n'est donc pas tant que l'un est une directive (*Anleitung*) alors que l'autre est une raison générale (*Grund*) pour un jugement déterminé, mais que le premier est tiré des lois de la raison quand le second a sa source dans la sensibilité.

50. La traduction essaie de rendre la différence lexicale en allemand entre le jugement provisoire et provisionnel (*vorläufiges*) de l'homme d'expérience qui juge *à l'avance* (*vorher urteilen*), et le préjugé (*Vorurteil*) qui juge *en avance* (*vorurteilen*) : l'homme d'expérience juge *à l'avance* parce qu'il a déjà jugé, alors que le préjugé juge *en avance*, c'est-à-dire en n'étant précédé d'aucun jugement. La distinction sera reprise dans la *Logique* (AA 09, 75).

51. Il est contestable de présenter, comme le fait Kant, le triomphe du newtonianisme comme un effet du temps nécessaire pour que l'habitude de penser en termes cartésiens soit remplacée par l'habitude de penser en termes newtoniens. D'un côté, il est juste de dire que le système n'a pas été modifié dans ses énoncés. Mais de l'autre, cela ne veut pas dire que le temps de la réception du newtonianisme fut un temps uniforme : au contraire, ce sont les expéditions de Maupertuis en 1736 qui permirent d'assurer le triomphe définitif du newtonianisme sur les tourbillons cartésiens. Ces expéditions, qui avaient pour but de donner une mesure des arcs polaires et équatoriaux, confirmèrent la forme de la Terre – aplatie aux pôles – qui était prévue par la théorie newtonienne, et peuvent être vues comme de véritables «expériences cruciales» entre les deux théories. L'acceptation universelle du système de Newton ne relève donc pas, comme semble l'indiquer la leçon, de la substitution d'une habitude de penser à une autre.

52. *Cf.* Jean Terrasson, *La philosophie applicable à tous les objets de l'esprit et de la raison*, Paris, Prault & Fils, 1754, p. 10 : «Une infinité de gens ne recevront la Philosophie qui n'est pas encore généralement établie, que lorsqu'elle aura pour elle la pluralité des voix. Alors elle n'entrera dans leur Esprit que sous la forme de la Prévention»; et p. 98 : «L'Hérétique de chaque Siècle est celui qui s'est opposé à la croyance commune et dominante de

l'Église dans le Siècle où il a vécu; & qu'il a contribué lui-même à rendre dominante par le nouveau Dogme qu'il a prêché, & auquel on s'est opposé ».

53. W. Stark (1985; repris par S. Naragon, *Kant in the classroom*, 2006) est le premier à s'être appuyé sur ce paragraphe et le suivant afin de proposer une datation plus précise des leçons (après 1777), en avançant qu'il est ici fait allusion à la question mise au concours de la classe de philosophie spéculative de l'Académie des Sciences et Belles-lettres de Berlin pour l'année 1780, dont la dernière formulation fut : « Est-il utile au peuple d'être trompé, soit qu'on l'induise dans de nouvelles erreurs, ou qu'on l'entretienne dans celles où il est ? » (*cf.* H. Adler (ed.), *Nützt es dem Volke, betrogen zu werden?*, 2007). La question a été suggérée à l'origine par D'Alembert, proposée par Frédéric II à l'Académie des Sciences le 16 octobre 1777 (sous la forme : « *S'il peut être utile de tromper Le Peuple* », *ibid.*, p. XXXVI), et adoptée en novembre 1777. Cela ne laisserait que deux dates possibles pour les *Leçons* : 1777/1778 et 1779/1780. Mais sa formulation officielle et définitive est parue dans les *Nouveaux Mémoires de l'Académie Royale des Sciences et Belles-Lettres*, Année 1777, publiés à Berlin chez George Jacques Decker en 1779. Si Kant n'a eu connaissance de la question qu'au moment de sa publication (ce que l'on ne saurait affirmer de manière catégorique), cela ne laisserait donc qu'une seule date possible : 1779/1780. La formule employée dans le paragraphe suivant (« Il en en soi-même condamnable de répandre des préjugés chez autrui. C'est un mensonge que l'on commet à l'égard d'autrui ») semble en effet faire directement écho à la formulation de la question mise au concours (« induire le Peuple dans de nouvelles erreurs »). De même, on reconnaît aisément la figure de Frédéric le Grand, qui est personnellement intervenu pour mettre la question au concours, et qui tenait que le peuple était incapable en dernière instance d'un comportement rationnel, derrière la maxime « si on lui [*sc.* le peuple] retire l'entendement, il est facile à gouverner ». Ceci dit, la question de l'usage des préjugés en politique est une question contemporaine – et même centrale dans la réflexion de l'*Aufklärung*. On peut citer, par exemple, l'*Essai sur les préjugés* de d'Holbach et Du Marsais (1770), qui reprend la théorie de la justification du mensonge au bénéfice de l'État, exposée déjà dans la *Politique* de Platon (389b, 459c-d).

54. Friedrich Karl von Moser (1723-1798) est sans doute mentionné en raison de ses écrits « patriotiques » : *Le Seigneur et le serviteur, esquissés avec une liberté patriotique* (*Der Herr und der Diener, geschildert mit patriotischer*

Freiheit, 1759), *Sur l'esprit national allemand* (*Von dem deutschen Nationalgeist*, 1765), *Lettres patriotiques* (*Patriotische Briefe*, 1767).

55. La comparaison entre le mal et le préjugé implique que tout préjugé est conscient (de même que l'on sait que l'on fait du mal *pour* rechercher un bien), au contraire de l'erreur, qui est inconsciente et qui disparaît si l'on en prend conscience [87]. C'est la raison pour laquelle, dans la suite, le préjugé est comparé à un mensonge, et qu'il est comme tel condamnable, puisque l'on est toujours responsable de ses préjugés.

56. Le terme employé, *Vorsicht*, dont le sens commun est la prudence, peut aussi avoir le sens de *Vorsehung*, de providence, comme c'est manifestement le cas ici (voir sur ce point le *Deutsches Wörterbuch* des frères Grimm). Les langues latines attestent pareillement l'affinité de la *prudentia* et de la *providentia*.

57. Il faut comprendre que l'accord du grand nombre sur un sujet est tellement invraisemblable, qu'il faut plutôt croire que la proposition en question est vraie. Kant ne fait évidemment pas sien ce préjugé du nombre.

58. La classification des préjugés s'arrête ici : l'exposition du préjugé de l'autorité de la vertu n'a pas été prise en notes. La fin de la section, qui traite de la méthode d'exposition des connaissances, faisait peut-être l'objet d'une section à part, symétrique au développement sur l'acquisition des connaissances. La *Logique* distinguera les préjugés de l'autorité des préjugés de l'amour-propre (AA 09, 77-81).

59. La détermination de la métaphysique comme « dépassant les limites du monde et de l'expérience », et surtout comme « dépassant la destination de l'homme » ne concerne évidemment ici que la métaphysique dogmatique d'avant la philosophie transcendantale – puisque Kant a dans les *Leçons* redéfinit le nom de métaphysique, et l'a même identifiée avec la physique rationnelle (voir note 23). La méthode sceptique est donc utile à l'égard de la métaphysique dogmatique, à l'égard de ceux qui pensent s'élever au-delà de l'expérience.

60. Comprendre : la méthode sceptique est très utile, mais la méthode sceptique érigée en doctrine philosophique est très nocive.

61. *Sentiments* : en français dans le texte. Le terme, dit le dictionnaire allemand des frères Grimm, fut à la mode en Allemagne au XVIIIe siècle avant d'être abandonné, et avait au moins deux usages (*Deutsches Wörterbuch von Jacob Grimm und Wilhelm Grimm*, Leipzig, 1905, vol. X, colonne 614). Il peut en effet désigner – comme en français du reste – soit l'impression de sa

sensibilité (éprouver un sentiment), soit l'expression d'un jugement, d'une opinion, d'un point de vue, d'une manière de penser (exposer un sentiment). Comme Kant vient de rejeter les romans qui « alanguissent le cœur », il faut ici l'entendre au second sens, c'est-à-dire, finalement, au sens des romans à thèse. L'idée des méfaits de la lecture divertissante des romans est récurrente chez Kant (voir les *Propos de pédagogie*, publiés en 1803 par Rink, AA 09, 473). Rappelons par ailleurs que Kant peut être présenté comme l'auteur d'un roman, puisque c'est ainsi qu'il désigne ses *Conjectures sur le commencement de l'histoire humaine* de janvier 1786 (AA 08, 109).

62. « La connaissance des livres » traduit *Belesenheit*. Aucune connaissance livresque n'est en effet nécessaire à la philosophie transcendantale puisque, par définition [*cf.* 51]), son objet est la raison pure elle-même.

63. La grammaire de la pensée désigne ici la logique générale (*cf.* A 53 / B 77). La logique est générale et non universelle (les deux sens possibles d'*allgemein*) : comme en grammaire, ses règles admettent des exceptions, contrairement aux règles universelles qui n'admettent aucune exception (*cf.* B 4).

64. Ce lieu commun remonte aux recherches sur l'invention d'une langue philosophique au XVII e siècle (citons les noms de Dalgarno, Schoppe, Wilkins, Leibniz) qui considéraient que la grammaire latine était la plus régulière de toutes.

65. « C'est dans les mots que nous pensons » (*weil wir doch in Worten denken*) : la formule rappelle celle que Hegel emploiera plus tard pour montrer que le mot vise un contenu de représentation indépendamment de toute (re)présentation sensible ou image, de sorte que, là aussi, c'est dans le mot que nous pensons – *Es ist in Namen, daß wir denken* (Hegel, *Encyclopédie des sciences philosophiques*, III, L'esprit subjectif, § 462).

66. Kant tient Socrate pour celui qui a extirpé la philosophie de son sens purement technique et s'est approché de « la vraie idée de la philosophie », avant que d'autres « techniciens de la raison » ne lui succèdent [voir *supra*, 45]. Dans la *Logique*, Kant écrit : « L'époque la plus importante de la philosophie grecque commença enfin avec Socrate. Car il fut celui qui donna une direction pratique complètement nouvelle à l'esprit philosophique et aux esprits spéculatifs » (AA 09, 29).

67. Là encore, c'est un lieu commun très répandu, que résume d'une phrase Terrasson : « Les Grecs savaient parler, les Latins savaient penser, et les Français savent raisonner » (p. 21 de l'ouvrage cité note 7).

68. La critique de la doctrine du syllogisme, comprise comme complètement stérile au regard de l'invention logique des pensées, est encore un lieu commun bien usé, au moins depuis la *Dialectique* (1555) de Pierre de la Ramée.

69. Comprendre : la subtilité scolastique est opposée au goût. La subtilité n'a d'autre fin que la complexité et l'habileté conceptuelles, elle se perd en distinctions et divisions, et perd de vue les fins de la connaissance : Kant reprend ici la distinction du technicien et du législateur de la raison, qui l'avait amené à dire que « la philosophie, comme le goût, exige du génie » [49].

70. Lehmann (AA 29, 681) indique qu'il est peut être ici fait allusion à Heinrich von Veldecke (vers 1150-1200), dont le *Roman d'Énée* (*Enearoman*) est en effet une traduction en rimes du *Roman d'Énéas*, libre adaptation de Virgile en vieux-français.

71. *Cf.* Johann-Heinrich Lambert, *Neues Organon oder Gedanken über die Erforschung und Bezeichnung des Wahren und dessen Unterscheidung vom Irrthum und Schein* (*Nouvel organon, ou pensées sur la recherche et la caractérisation du vrai, et sa distinction d'avec l'erreur et l'apparence*), Leipzig, Wendler, 1764. L'*Organon* se divise en quatre parties : dianoiologie (sur les lois de l'entendement), aléthiologie (sur les principes matériels de la connaissance), sémiotique (sur la langue de la vérité) et phénoménologie (sur la critique de l'apparence en général). Kant entretint une correspondance avec Lambert, qu'il appela « le premier génie de l'Allemagne » (AA 10, 54), et auquel il pensa même un temps dédier sa *Critique de la raison pure*.

72. La prise de notes est ici très ramassée, et nous modifions la ponctuation pour la rendre plus lisible. Le phénomène auquel il est fait allusion (l'eau jaillira aussi haut qu'elle a chuté) n'est pas clair : peut-être s'agit-il d'une allusion déformée au baromètre de Torricelli, ou à la fontaine de Héron (un dispositif par lequel l'eau passant à des vases communicants inférieurs remonte par un tube et jaillit au-delà du niveau d'origine).

73. L'image, célèbre, est reprise dans l'introduction de la *Critique de la raison pure* : « La colombe légère, quand, dans son libre vol, elle fend l'air dont elle sent la résistance, pourrait se représenter qu'elle réussirait encore mieux dans l'espace vide d'air. C'est ainsi que Platon quitta le monde sensible, et qu'il s'aventura, sur les ailes des idées, dans l'espace vide de l'entendement pur » (A 5 / B 8).

74. Malgré les différences, la formule évoque irrémédiablement celle de la *Critique de la raison pure* : « Des pensées sans contenu sont vides, des

intuitions sans concepts sont aveugles » (A 51 / B 75). Sur la notion de « titre de la pensée » (*Titel des Denkens*), voir ci-dessous, et notre introduction.

75. *Cf.* Aristote, *Catégories*, 5, 2a10 : « La substance, au sens le plus fondamental, premier et principal du terme, est ce qui n'est ni affirmé d'un sujet, ni dans un sujet » (trad. fr. J. Tricot, Paris, Vrin, rééd. 2008).

76. Kant fait ici référence au texte de James Oswald, *An Appeal to common sense in Behalf of Religion* (Edimburg, 1766-1772), traduit en allemand sous le titre *Appellation an den gemeinen Menschenverstand zum Vortheile der Religion* (Leipzig, 1774), et qu'il cite non sous le titre d'« Appel à un entendement commun » mais sous celui d'« Appel à un sain entendement humain » (*cf.* G. Tonelli, 1962, p. 513).

77. La théorie de l'hallucination (*Blendwerk*) des conditions subjectives en conditions objectives est un thème central des *Rêves d'un visionnaire expliqués par les rêves de la métaphysique* de 1766 (AA 02, 340-350).

78. La mise en parallèle des fonctions logiques du jugement et des « titres de la pensée » doit être à l'évidence considérée comme une première ébauche de la déduction des catégories à partir des fonctions logiques du jugement dans la *Critique de la raison pure* (§ 9-10), selon un principe qui s'énoncera alors : « La même fonction qui donne l'unité aux représentations diverses *dans un jugement*, donne aussi à la simple synthèse de représentations diverses *dans une intuition* l'unité, qui, exprimée généralement, s'appelle le concept pur de l'entendement » (A 79 / B 104). Mais nous devons en même temps considérer les différences entre les deux textes mis en parallèle. D'une part la table des jugements ne contient que deux formes selon la qualité (affirmation, négation : *cf.* aussi [73]), et ne donne lieu qu'à deux titres de la pensée (réalité, négation) ; là où les tables de 1781 ajouteront respectivement les jugements infinis et la catégorie de la limitation. Le titre qui correspond à la fonction disjonctive du jugement est appelé ici concept du tout et de la partie, et sera remplacé par la catégorie de la communauté (action réciproque) dans la *Critique*. Enfin, et toujours concernant le dénombrement, le titre de la réalité (*Wirklichkeit*) sera remplacé par la modalité de l'existence (*Dasein*). D'autre part, le principe de l'identité des fonctions d'unité dans les fonctions logiques des jugements et dans les titres de la pensée n'est pas explicite ; et nulle part les titres de la pensée ne sont déterminés comme des unités synthétiques du divers dans l'intuition en général. Il est simplement dit que ces derniers déterminent les « objets » (*Objekte*, [123]), ou se rapportent aux choses (*Sachen*), ou encore que « lorsque des fonctions logiques sont appliquées aux choses, il en résulte les titres

de la pensée» [125]. En somme, malgré les parallèles et les déterminations communes des «titres de l'entendement» et des concepts purs de l'entendement que sont les catégories, ils ne peuvent être conceptuellement confondus, ou considérés comme deux noms équivalents d'un même concept. Nous rejoignons ici Giorgio Tonelli, qui tire de ce fait un argument en faveur d'une version encore inaboutie de la théorie kantienne des catégories, et en faveur d'une datation des *Leçons* avant la parution de la *Critique de la raison pure* (G. Tonelli, 1962, p. 513).

79. Du point de vue logique, on peut juger de ce que la lumière est (affirmation) ou n'est pas (négation); par contre, on ne peut se représenter une obscurité que si la lumière a d'abord été donnée aux sens. L'obscurité est donc, du point de vue de la qualité, une négation (*cf.* A 292 / B 349).

80. L'usage qui est dit ici transcendant (et qui sera appelé transcendantal dans la *Critique*) concerne la connaissance elle-même, ou ses conditions de possibilité, mais aucun objet concret donné par les sens. L'allemand emploie ici deux mots pour «objet»: *Objekt* pour l'objet indéterminé de la connaissance, *Gegenstand* pour l'objet donné d'une connaissance empirique.

81. La formule se trouve dans l'*Esquisse des vérités nécessaires de la raison* de Christian August Crusius (*Entwurf der nothwendigen Vernunft-Wahrheiten*, Leipzig, 1745, § 46). Kant en fait déjà la critique au paragraphe 27 de la *Dissertation* de 1770, sous le titre «d'axiome subreptice de la première classe», c'est-à-dire de proposition intellectuelle qui est contaminée par un modèle sensible: il faut en effet restreindre la portée de l'énoncé et ne pas dire que *tout* objet, mais que «tout objet *des sens* est quelque part et en quelque temps».

82. La question est évidemment ironique, et renvoie peut-être aux délires du schizographe suédois, Emanuel Swedenborg, qui prétendait communiquer avec les esprits, et dont Kant a fait la critique dans les *Rêves d'un visionnaire, expliqués par les rêves de la métaphysique* (1766).

83. Comprendre: ce raisonnement concernant le premier être peut être aussi appliqué au concept d'une liberté transcendante, et permet d'argumenter pour et contre elle. En effet, si je pense une liberté transcendante, alors, par définition, elle peut agir d'elle-même et initier une chaîne de causalité indépendamment de toute condition empirique: elle est, en ce sens, totalement originaire. Mais en même temps, il faut bien penser une raison qui la «pousse à agir», et, ainsi elle n'est plus totalement originaire. Dans le cas du premier être ou de la liberté dite ici transcendante, le problème est celui d'un premier commence-

ment. Nous retrouvons ici le motif des antinomies de la raison, qui feront l'objet d'un traitement beaucoup plus précis et décisif dans la *Critique de la raison pure* (A 426 / B 454 *sq.*).

84. L'analytique a été déjà appelée un « dictionnaire de la raison pure » [121], et cette expression sera reprise dans la *Critique de la raison pure* pour désigner le projet de fournir des définitions des concepts de l'Analytique (A 83 / B 109).

85. Sur l'analyse, voir la note 41.

86. Le manuscrit porte l'indication « Propositions synthétiques. 1. Relativement à la grandeur », laissant entendre une étude de différents types de propositions synthétiques, dont les *Leçons* ne gardent pas trace.

87. Le problème d'un tout infini est précisément celui par lequel Kant inaugurait sa *Dissertation de 1770* afin d'introduire à la doctrine des deux mondes (sensible et intelligible) : on peut bien *penser* par l'entendement un tout infini, mais on ne peut se le représenter dans l'intuition, et par conséquent on ne peut le *connaître* (§ 1).

88. La ressemblance ou similitude désigne l'identité de certains éléments entre deux choses, ou deux ensembles de choses (la plupart des caractères de A sont identiques à la plupart des caractères de B). Ainsi Kant a pu dire plus haut que le talent ressemble au génie, tout en étant différent [55]. L'analogie désigne l'identité des rapports entre deux choses, qui peuvent n'avoir aucun élément identique (A est à B, ce que C est à D). On peut ainsi penser un autre monde (comme le royaume de Dieu) par analogie avec notre monde, sans affirmer une quelconque similitude entre les deux.

89. Le manuscrit semble être ici fautif puisque tout le paragraphe fait précisément la distinction entre les règles pragmatiques de la prudence (*Klugheit*) – qui sont des règles de l'habileté (*Geschicklichkeit*) – et les règles de la moralité (*Sittlichkeit*) : les premières cherchent la participation au bonheur, les secondes cherchent à rendre digne du bonheur, selon une distinction récurrente de la morale kantienne. Pour la même raison, l'énoncé plus haut selon lequel la doctrine de l'habileté consiste à enseigner *à la fois* à participer au bonheur et à en être digne semble devoir être corrigé dans le même sens. Cette distinction, qui clôt pratiquement les *Leçons*, est le symétrique, dans le domaine pratique, de la distinction par laquelle Kant ouvrait les *Leçons* dans le domaine théorique, à savoir la distinction entre le technicien de la raison et le législateur de la raison.

90. Là encore, par un effet de symétrie, les *Leçons* s'achèvent sur un rappel du début du cours, à savoir la nécessité de déterminer conceptuellement (ou techniquement, *künstlich*) les limites de l'usage théorique de la raison pour ménager ce qui était appelé un « grand vide » ([57] et note 29), ce qui est appelé ici « l'usage pratique de la raison », et ce qui sera appelé « croyance » dans la *Critique de la raison pure* (B XXX).

91. Entre 1772 et 1795, Kant a lui-même prononcé 19 cours sur l'anthropologie, avant d'en faire paraître le contenu en 1798 chez Nicolovius dans son *Anthropologie d'un point de vue pragmatique*. Il n'y avait pas de manuel d'anthropologie pour ces cours, qui suivaient en partie la section « psychologie empirique » de la *Metaphysica* d'Alexander Gottlieb Baumgarten (Halle, 1757, § 504-699).

ANNONCES DES
LEÇONS SUR L'ENCYCLOPÉDIE PHILOSOPHIQUE (1767-1787)

Les indications suivantes reprennent les informations sur les actes et les registres de l'université rassemblées par Emil Arnoldt (1909), par Michael Oberhausen et Riccardo Pozzo dans les *Vorlesungsverzeichnisse der Universität Königsberg* (1999), et par Steve Naragon (2006, voir bibliographie). Les deux derniers cours annoncés, en 1785-1786 et 1787, n'eurent pas lieu et furent remplacés par un cours sur la théologie naturelle. Dans la décennie 1770, Kant donne en moyenne trois cours par semestre : logique et géographie physique en été, métaphysique et anthropologie en hiver, auxquels s'ajoutait au minimum un troisième cours, le plus souvent et alternativement la morale, le droit naturel, la physique ou l'encyclopédie philosophique.

Nous indiquons l'intitulé du cours tel qu'il était porté dans les registres et affiché au tableau de l'université, ainsi que la nature des leçons : privées (proposées par le professeur, et payées directement par les étudiants au professeur), ou très privées (*privatissimae*, conclues par un accord entre le professeur et un groupe d'étudiants, et réservées à ce seul groupe).

Aucun cours sur l'encyclopédie philosophique n'eut lieu au titre des leçons publiques (payées par l'université dans le cadre de la chaire d'enseignement du professeur). Le semestre d'hiver commençait à la Saint Michel (29 septembre) jusqu'au printemps d'après; le semestre d'été commençait deux semaines après Pâques. Les cours duraient 45 minutes, laissant aux étudiants un quart d'heure pour rejoindre à Königsberg le lieu de leur prochain cours, qui n'avait presque jamais lieu dans les locaux de l'université, mais directement chez les professeurs où dans une salle qu'ils louaient à cette occasion: jusqu'en 1777, les cours de Kant se tinrent dans une pièce du troisième étage de la librairie Kanter, au coin de la Löbenichtsche Langgasse et de la Münchengasse; les trois derniers se tinrent dans une salle de l'Ochsenmarkte. Sauf indication contraire, les cours se tenaient quatre fois par semaine, les lundi, mardi, jeudi et vendredi.

1767-1768   *Encyclopaediam Philosophiae universae cum succincta historia philosophica secundum Compendium Feders Grundriß der philos. Wissenschaften uno semestri pertractandum proposuit.*

Dans les actes du ministère du budget, Kant a rédigé lui-même la description suivante: «M. Immanuel Kant Proximo semestri collegia destinavit quae sequuntur: [...] X-XI Encyclopaediam quandum totius philosophiae uno semestri pertractandam, una cum historia eius succincta, secundum librum haud inelegantem: Grundriss der philosophischen Wissensch. nebst der nötigen Geschichte von J.G. Feder in usum eorum, quibus omnia fusius persequi non vacat».

Leçon privée, qui se tint en réalité non de 10 à 11 mais de 15 à 16 heures.

1768-1769   *Encyclopaediae Phil. univ. cum succinta Hist. Phil.*
Leçon *privatissima*, de 15 à 16 heures.

1769   *Encyclopaediae philosophiae universae.*
Leçon privée, de 8 à 9 heures.

1770   *Immanuel Kant, Log. & Metaph. Prof. Publ. Ordin.*
designatus muneris sibi demandati aggreditur prae-
lectione publica hora VII-VIII, habenda qua Logicam
& Metaphysicam, una cum succinta Historia Phil.
percensebit, secundum compendium Federi.
La leçon fut en réalité *privatissima*, de 10 à 11 heures, six
fois par semaine (du lundi au samedi).

1770-1771   *Privatim Hora VIII-IX Encyclopaediam Phil. universae*
una cum succinta historia philosophica emensus est.
Leçon privée, de 8 à 9 heures.

1771-1772   *Encyclopaedia philosophica.*
Leçon privée, de 8 à 9 heures.

1775   *Encyclopaediam totius philosophiae secundum Federum*
privatim instituet.
Leçon privée, de 8 à 9 heures. 20 étudiants inscrits.

1777-1778   *Encyclopaediam philosophiae in Federi compendium*
privatim h. VIII-IX dabit.
Leçon privée, de 8 à 9 heures, du 16 octobre au 10
avril. 32 étudiants inscrits.

1779-1780   *Encyclopaediam totius philosophiae privatim h. VIII-IX*
in Federi compendium instituendam offert.
Leçon privée, de 8 à 9 heures, du 14 octobre au 17
mars. 30 étudiants inscrits.

1781-1782   *Encyclopaediam totius philosophiae privatim h. VIII-IX*
dieb. Solitis secundum Federum offert.
Leçon privée, de 8 à 9 heures.

1785-1786   *Encyclopaediam totius Philosophiae ad Federum h. VIII.*
Non délivrée.

1787   *Encyclopaediam totius Philosophiae ad Federum h. VIII*
proponet.
Non délivrée. Christian Jakob Kraus tint un cours ce
semestre-là intitulé « Encyclopaediam universam ad
Sulzer Kurzer Begriff aller Wissenschaften », devant
49 étudiants.

INDEX DES CONCORDANCES
AVEC LA *CRITIQUE DE LA RAISON PURE*

Les *Leçons* furent prononcées entre 1778 et 1780, soit quelque temps avant la parution de la *Critique de la raison pure* en mai 1781 (voir la note sur la datation, [24]). L'index qui suit est une concordance des matières, problèmes, concepts, images et expressions entre les *Leçons* (dont nous indiquons la pagination dans l'édition de l'Académie) et la *Critique de la raison pure* (dont nous indiquons les paginations originales A et B des deux premières éditions). Cet index des concordances ne préjuge en rien de l'identité des philosophèmes et de leur sens ici et là, d'autant qu'il ne faut pas oublier la différence de public des deux « textes » : les leçons devaient servir d'introduction à la philosophie à de jeunes étudiants ; la *Critique* est l'ouvrage d'une vie, dont l'intention explicite est d'opérer « une révolution dans la manière de penser ». L'index peut cependant servir à l'étude de la genèse de la *Critique* en établissant des comparaisons et des parallèles, qui n'annulent cependant pas le temps de la pensée ; tout comme les leçons peuvent servir d'introduction simplifiée à certains problèmes et à certains concepts de la philosophie kantienne. Un simple survol des matières abordées dans les leçons témoigne en effet que leur caractère d'abrégé de la philosophie ne se fait pas au détriment de l'esprit de profondeur.

27	Méthode dogmatique et méthode sceptique	A 421 / B 448
33	Succès de la mathématique dans les connaissances a priori	A 724 / B 752
34	« Comme l'oiseau dans un espace sans air »	A 5 / B 8
	« Sans intuition nous ne pouvons penser »	A 51 / B 75
35	La proposition : « Tout ce qui arrive a une cause »	A 542 / B 570
	Le problème d'un premier commencement	A 444 / B 472
36	L'analytique, dictionnaire de la raison pure	A 83 / B 109
	Fonctions logiques du jugement et titres de la pensée	A 66 / B 91
37	Table des fonctions logiques et table des titres de la pensée	A 70-80 / B 95-106
	Exemple de l'obscurité	A 292 / B 349
38	Analogies de l'expérience	A 176 / B 218
	Les concepts purs de l'entendement	B 146
41	L'antinomie d'un premier commencement	A 444 / B 472
	Propositions analytiques et synthétiques	A 6 / B 10
	La proposition : « Tous les corps sont pesants »	A 7 / B 11
43	Dieu et un autre monde, objets de la métaphysique	A 798 / B 826
	Habileté et moralité	A 800 / B 828
44	L'hypothèse théorique nécessaire de l'existence de Dieu	A 811 / B 839
45	Réceptivité et spontanéité	A 50 / B 74

INDEX DES NOTIONS

INDEX DES NOMS

BIBLIOGRAPHIE

Œuvres de Kant

AA : *Gesammelte Schriften*, édité par l'Académie des Sciences de Prusse (puis de Berlin), Berlin-Leipzig, vol. 1-29, 1922-. La mention AA (Akademie-Ausgabe) est suivie des numéros de volume et de page.

A/B : *Critique de la raison pure*, trad. fr. A. Renaut, Paris, Aubier, 1997. Les mentions A et B renvoient, traditionnellement, à la pagination originale des deux premières éditions du texte (1781 et 1787).

Correspondance, trad. fr. M.-Ch. Challiol, M. Halimi, V. Séroussi, N. Aumonier, M.B. de Launay et M. Marcuzzi, Paris, Gallimard, 1991.

Dissertation de 1770, édition et trad. fr. A. Pelletier, Paris, Vrin, 2007.

Leçons sur l'encyclopédie philosophique

– Unique manuscrit localisé :

Philosophische-Encyclopedie oder ein kurtzer Inbegrif aller philosophischen Wißenschaften aus den Vorlesungen des Herrn Profeßoris Immanuel Kant, Bibliothèque nationale de Berlin (SBPK, Haus II), sous la cote Ms. germ. quart. 400.1.

– Éditions (toutes deux de Gerhard Lehmann) :

Vorlesungen. I. Abteilung. Vorlesungen über Enzyklopädie und Logik 1. Vorlesungen über philosophische Enzyklopädie, Berlin, Deutsche Akademie der Wissenschaften, 1961.

AA 29, 05-45, édité par l'Académie des Sciences de Göttingen, Berlin, Walter de Gruyter, 1980.

Sources concernant les Leçons sur l'encyclopédie

ADLER Hans (ed.), *Nützt es dem Volke, betrogen zu werden? Est-il utile au peuple d'être trompé? Die Preisfrage der Preussischen Akademie für 1780*, Stuttgart-Bad-Cannstatt, Frommann-Holzboog, 2007.

ARNOLDT Emil, *Kritische Exkurse im Gebiete der Kant-Forschung*, Berlin, Cassirer, vol. 4 et 5, 1908-1909.

BOROWSKI Ludwig Ernst von, *Immanuel Kant: Sein Leben in Darstellungen von Zeitgenossen*, Berlin, Deutsche Bibliothek, 1912.

FEDER Johann Georg Heinrich, *Grundriß der Philosophischen Wissenschaften nebst der nöthigen Geschichte, zum Gebrauch seiner Zuhörer*, Coburg, Findeisen, 1767, 2e éd. 1769.

HARNACK Adolf, *Geschichte der Königlich Preußischen Akademie der Wissenschaften zu Berlin*, Bd. I, 1 (Berlin, 1900), Hildesheim, Olms, 1970.

MALTER Rudolf, *Immanuel Kant in Rede und Gespräch*, Hamburg, Felix Meiner, 1990.

NARAGON Steve, *Kant in the classroom*, site mis en ligne en août 2006 (consulté le 1er novembre 2007) et hébergé par le Manchester College (North Manchester, Indiana) à l'adresse : <http://www.manchester.edu/kant/Home/index.htm>.

OBERHAUSEN Michael et POZZO Ricardo, *Vorlesungsverzeichnisse der Universität Königsberg (1720-1804)*, introduction et édition des registres, Stuttgart-Bad Cannstatt, Frommann-Holzboog, 2 vols., 1999.

TERRASSON Jean, *La philosophie applicable à tous les objets de l'esprit et de la raison*, Paris, Prault & Fils, 1754.

VAIHINGER Hans, « Der Pillauer Kantfund », *Kant-Studien*, 3, 1899, p. 253-255.

Études

BRANDT Reinhard, « Feder und Kant », *Kant-Studien*, 80, 1989, p. 249-264.

FERRARI Jean, « La recension Garve-Feder de la *Critique de la raison pure*, 1782 », dans *Années 1781-1801. Kant. Critique de la raison pure, vingt ans de réception*, Cl. Piché (dir.), Paris, Vrin, 2002, p. 57-65.

HINSKE Norbert, recension de « Kant, *Vorlesungen über Philosophische Enzyklopädie*, Gerhard Lehmann (ed.) », *Deutsche Literaturzeitung*, 85, 1964, p. 487-489.

KUEHN Manfred, « Dating Kant's *Vorlesungen über Philosophische Enzyklopädie* », *Kant-Studien*, 74, 1983, p. 302-313.

LEHMANN Gerhard, « Zum Streit um die Akademie-Ausgabe Kants. Eine Erwiderung », *Zeitschrift für philosophische Forschung*, 39, 1985, p. 420-426.

PELLETIER Arnaud, « La théorie kantienne de la définition dans les *Leçons de logique* », dans *Les sources de la philosophie kantienne aux XVIIe et XVIIIe siècles*, R. Theis et L.K. Sosoe (éds.), Paris, Vrin, 2005, p. 175-184.

STARK Werner, « Kritische Fragen und Anmerkungen zu einem neuen Band der Akademie-Ausgabe von Kant's Vorlesungen », *Zeitschrift für philosophische Forschung*, 38, 1984, p. 292-310.

– « Antwort auf die Erwiderung «Zum Streit um die Akademie-Ausgabe Kants» von G. Lehmann », *Zeitschrift für philosophische Forschung*, 39, 1985, p. 630-633.

– « Neue Kant-Logiken. Zu gedruckten und ungedruckten Kollegheften nach Kants Vorlesung über die Logik », dans *Neue Autographen und Dokumente zu Kants Leben, Schriften und Vorlesungen*, R. Brandt et W. Stark (eds.), Hamburg, Meiner, 1987.

TONELLI Giorgio, recension de « Kant, *Vorlesungen über Philosophische Enzyklopädie*, Gerhard Lehmann (ed.) », *Filosofia*, 13, 1962, p. 511-514.

Autres

BORGES Jorge Luis, *Fictions*, Paris, Gallimard, 1999.
BRETON André, *Flagrant délit : Rimbaud devant la conjuration de l'imposture et du trucage*, Paris, Thésée, 1949.
NIETZSCHE Friedrich, *Aurore*, Paris, Gallimard, 1989.

TABLE DES MATIÈRES

DU MÊME AUTEUR
À LA MÊME LIBRAIRIE

Anthropologie du point de vue pragmatique, traduction M. Foucault.

Le conflit des facultés en trois sections (1798), traduction J. Gibelin.

Considérations sur l'optimisme, traduction P. Festugière.

Critique de la faculté de juger, introduction, traduction et notes A. Philonenko.

Dissertation de 1770, texte latin, introduction et traduction A. Pelletier.

Essai pour introduire en philosophie le concept de grandeur négative, introduction G. Canguilhem, traduction et notes R. Kempf.

Fondements de la métaphysique des mœurs, traduction V. Delbos, introduction et notes A. Philonenko.

Histoire et politique : Idée pour une histoire universelle du point de vue cosmopolite, traduction G. Leroy, notes M. Castillo.

Histoire générale de la nature et théorie du ciel, introduction, traduction et notes P. Kerszberg, A.-M. Roviello et J. Seidengart.

L'unique argument possible d'une preuve de l'existence de Dieu, traduction et notes R. Theis.

Logique, introduction, traduction et notes L. Guillermit.

Manuscrit de Duisbourg (1774-1775). Choix de réflexions des années 1772-1777, présentation, traduction et notes F.-X. Chenet.

Métaphysique des mœurs, I. *Doctrine du droit*, II. *Doctrine de la vertu*, traduction et notes A. Philonenko.

Observations sur le sentiment du beau et du sublime, traduction R. Kempf.

Premiers principes métaphysiques de la science de la nature, traduction J. Gibelin.

Première introduction à la Critique de la faculté de juger et autres textes, traduction L. Guillermit.

La religion dans les limites de la simple raison (1793), traduction J. Gibelin, revue par M. Naar.

Les progrès de la métaphysique en Allemagne, traduction L. Guillermit.

Projet de paix perpétuelle, texte allemand et traduction J. Gibelin.

Prolégomènes à toute métaphysique future qui pourra se présenter comme science, traduction et index L. Guillermit.

Qu'est-ce que s'orienter dans la pensée ?, traduction, commentaire, notes et index A. Philonenko, préface F. Alquié.

Réflexions sur l'éducation, introduction, traduction et notes A. Philonenko.

Remarques touchant les observations sur le sentiment du beau et du sublime, introduction, traduction et notes B. Geonget.

Réponse à Eberhard, introduction, traduction et notes J. Benoist.

Rêves d'un visionnaire, traduction et présentation F. Courtès.

Théorie et pratique. Sur un prétendu droit de mentir par humanité, traduction et notes L. Guillermit.

Imprimerie de la Manutention à Mayenne – Juin 2009 – N° 144-09
Dépôt légal : 2e trimestre 2009

Imprimé en France